全集　伝え継ぐ　日本の家庭料理

どんぶり・雑炊・おこわ

（一社）日本調理科学会　企画・編集

はじめに

日本は四方を海に囲まれ、南北に長く、気候風土が地域によって大きく異なります。このため各地でとれる食材が異なり、その土地の歴史や生活の習慣などともかかわりあって、地域独特の食文化が形成されています。地域の味は、親から子、人から人へと伝えられていくものですが、食の外部化が進んだ現在ではその伝承が難しくなっています。このシリーズは、日本人の食生活がその地域ごとにはっきりした特色があったとされる、およそ昭和35年から45年までの間に各地域に定着していた家庭料理を、日本全国での聞き書き調査により掘り起こして紹介しています。

このシリーズでは、ご飯ものを3冊にまとめます。本書では、ご飯におかずをのせたどんぶり、汁の多い具をかけたぶっかけ、かゆと雑炊、きりたんぽや五平もちなどの半つきのご飯、赤飯やおこわをまとめました（*）。

香ばしく焼いた魚をのせたり、うま味たっぷりの貝の煮汁や粘りの強いとろろなどをかけることで、ご飯がたくさん食べられます。洋食風のどんぶりや、するめやさば缶を具にしたカレーライスもつくられました。うるち米の半つきご飯は、収穫祝いにたっぷり食べるごちそうで、ごまやえごま、くるみなどコクのある種実と味噌・醤油の味つけが食欲をそそります。少ない米でお腹を満たすおかゆや雑炊には、毎日でも食べ飽きない茶がゆも、いろいろな具を入れたハレの日の雑炊もあります。もち米のおこわは冠婚葬祭や年中行事に欠かせません。赤飯だけでなく白や黒や黄色に具だくさんおこわと、色とりどりです。ご飯の食べ方の多様性を見渡すことができる1冊になりました。

聞き書き調査は日本調理科学会の会員が47都道府県の各地域で行ない、地元の方々にご協力いただきながら、できるだけ家庭でつくりやすいレシピとしました。実際につくってみることで、読者の皆さん自身の味になり、そこで新たな工夫や思い出が生まれれば幸いです。

2020年8月

一般社団法人 日本調理科学会 創立50周年記念出版委員会

＊既刊『炊きこみご飯・おにぎり』では、魚・貝・海藻や、野菜・山菜・豆や肉を炊きこんだり混ぜたりしたご飯と、おにぎりや葉っぱで包むご飯をまとめました。『すし　ちらしずし・巻きずし・押しずしなど』と併せてご利用ください。

目次

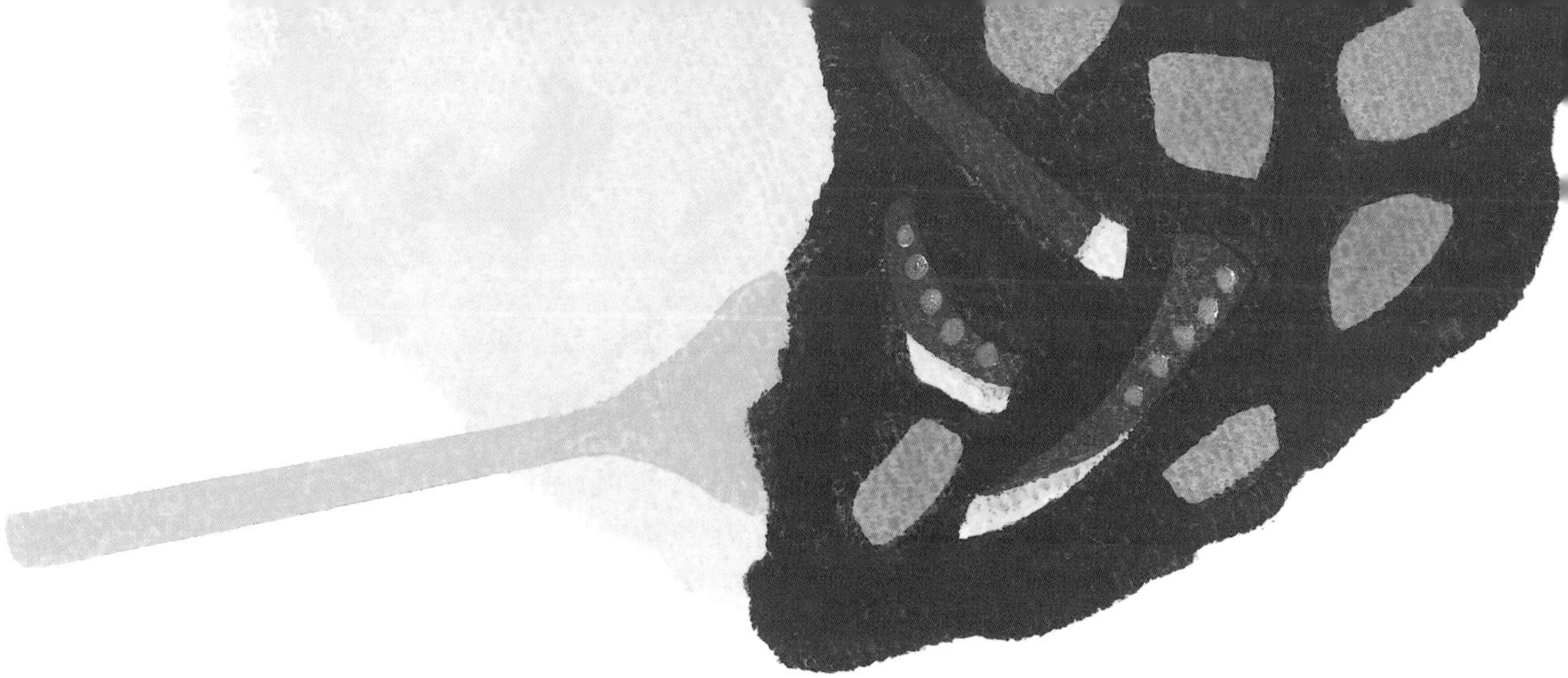

◎「著作委員」と「協力」について

「著作委員」はそのレシピの執筆者で、日本調理科学会に所属する研究者です。「協力」は著作委員がお話を聞いたり調理に協力いただいたりした方（代表の場合を含む）です。

◎ エピソードの時代設定について

とくに時代を明示せず「かつては」「昔は」などと表現している内容は、おもに昭和35～45年頃の暮らしを聞き書きしながらまとめたものです。

◎ レシピの編集方針について

各レシピは、現地でつくられてきた形を尊重して作成していますが、分量や調理法はできるだけ現代の家庭でつくりやすいものとし、味つけの濃さも現代から将来へ伝えたいものに調整していることがあります。

◎ 材料の分量について

・1カップは200mℓ、大さじ1は15mℓ、小さじ1は5mℓ。1合は180mℓ、1升は1800mℓ。

・塩は精製塩の使用を想定しての分量です。並塩・天然塩を使う場合は小さじ1=5g、大さじ1=15gなので、加減してください。

・塩「少々」は親指と人さし指でつまんだ量（小さじ1/8・約0.5g）、「ひとつまみ」は親指と人さし指、中指でつまんだ量（小さじ1/5～1/4・約1g）が目安です。

◎ 材料について

・油は、とくにことわりがなければ、菜種油、米油、サラダ油などの植物油です。

・濃口醤油は「醤油」、うす口醤油は「うす口醤油」と表記します。ただし、本書のレシピで使っているものには各地域で販売されている醤油もあり、原材料や味の違いがあります。

・「砂糖」はとくにことわりがなければ上白糖です。

・「豆腐」は木綿豆腐です。

・味噌は、とくにことわりがなければ米麹を使った米味噌です。それぞれの地域で販売されている味噌を使っています。

・単に「だし汁」とある場合は、だしの素材は好みのものでよいです。

◎蒸し方について

蒸し器にしぼったぬれ布巾や蒸し布を敷いて、水をきった米を入れ、ところどころくぼみをつくります。蒸し湯の蒸気が上がった状態で蒸し始めます。基本は強火で、沸騰してからの時間を蒸し時間とします。

◎打ち水（ふり水）について

おこわは、米を蒸している途中で、水をふって水を加えます。これを「打ち水」「ふり水」といいます（p122参照）。

〈打ち水の仕方　2回の場合〉

1 もち米を蒸し始め、蒸気が上がって10分ほどしたら、打ち水の半量を手に含ませて、表面全体にふりかける。あるいは、大きなボウルなどに蒸し布ごと出し、そこに水をかけ、しゃもじで米をつぶさないよう全体を混ぜる。

2 蒸し器に戻して、さらに10分ほど蒸したら、残りの打ち水を同様にかける。

※打ち水のタイミングや水分量は、それぞれのレシピにしたがう。

◎うま味と旨みの表記について

本書では、5つの基本味のひとつ*である「うま味（Umami）」と、おいしさを表現する「旨み（deliciousness）：うまい味」を区別して表記しています。
*あとの4つは甘味、酸味、塩味、苦味。

計量カップ・スプーンの調味料の重量（g）

	小さじ1（5mℓ）	大さじ1（15mℓ）	1カップ（200mℓ）
塩（精製塩）	6	18	240
砂糖（上白糖）	3	9	130
酢・酒	5	15	200
醤油・味噌	6	18	230
油	4	12	180

どんぶり・ぶっかけ・カレーライス

ご飯におかずをのせたり、汁をかけた料理です。鮎やあなご、うなぎなど、地域の名産をのせた数々のどんぶり。旨みたっぷりの汁をぶっかけた深川めしや冷や汁、とろろご飯はするするとのどを通ります。肉の代わりにさば缶やするめを使ったカレーも紹介します。

〈山形県〉

鮎めし

　焼いた鮎に醤油をかけ熱々のご飯にのせて蒸らすので、蓋をあけたときの香りは何ともいえません。ご飯には鮎の香気や旨みが移り、炊きこみ鮎めしより風味がよく、天然鮎の独特の香りと味を存分に味わうにはこれがいちばんです。豪華に見えるので来客時のおもてなしにもなります。初夏の若鮎より、大きく成長したお盆の頃や腹に卵をもった秋口の落ち鮎などが、味や香りがよく食べごたえもあり、ごちそうに感じられたそうです。

　最上川流域にあり舟運で栄えた大江町《おおえまち》では、初夏から秋まで鮎漁が行なわれ、かつては投網漁で一度に100匹以上もとれ、町の料亭や遠くは山形市内の料亭に納めるほどでした。現在は支流にダムが建設されたり、護岸工事が進み、川の流れが変わり水量が減るなどして、鮎の生息域が減少しました。それに伴って漁獲量も減り、あちこちにあった簗場《やなば》も現在は大江町と、やや上流の白鷹町《しらたかまち》の2カ所だけになっています。

協力＝村上弘子、柏倉ミツ、新宮みち、伊藤みよ　著作委員＝宮地洋子

最上川でとれたアユ。香魚とも呼ばれるアユは清流の川底の石についている珪藻類を餌とするので、独特の香りがある

＜材料＞ 3人分

炊きたてのご飯…3合分
アユ…4尾
醤油…大さじ4〜6

＜つくり方＞

1 アユは素焼きにする。
2 魚をほぐし、中骨を抜きとる。
3 背開きにして広げ、醤油をかける。
4 どんぶりに熱いご飯を盛り、3をのせ蓋をして4〜5分蒸らす。

アユのほぐし方

アユは内臓のほろ苦さもおいしく、骨だけを抜きとって内臓ごと食べるので、独特のほぐし方があります。

1 焼いた身から背ビレ、腹ビレなどをはずす（写真①）。尾は骨を折ってはずす（写真②）。
2 頭の部分は、箸で皮だけを切る（写真③）。
3 身を立てて、背の部分を箸で頭から尾の方までまんべんなく押す（写真④、⑤）。これで骨がはずれやすくなる。
4 頭を持って、ちょっとねじるように骨ごと引っ張り、中骨を抜きとる。とりづらいときは背の皮を箸で切り、背から開いて中骨を抜きとる（写真⑥）。

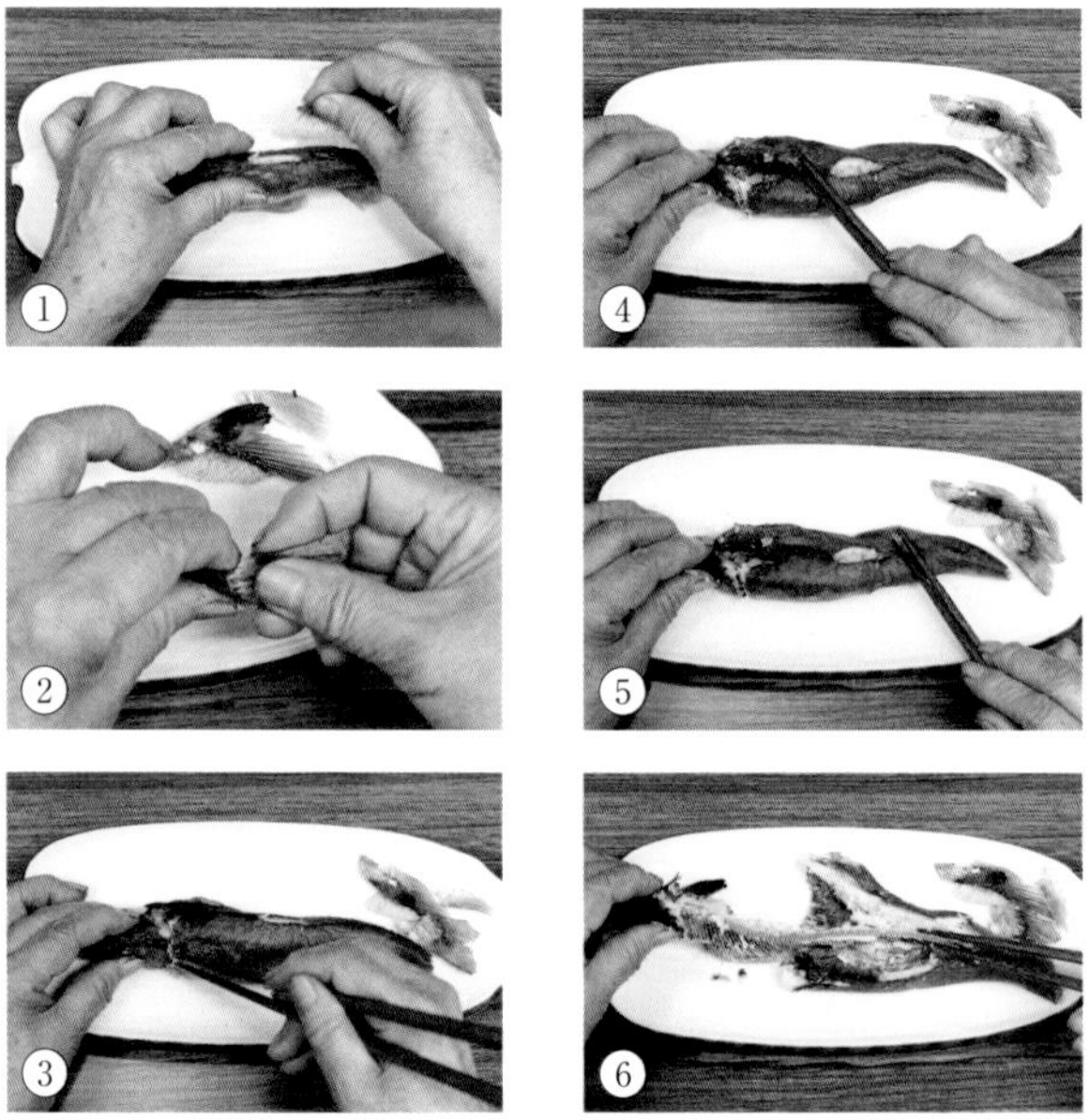

撮影／長野陽一

〈東京都〉

深川めし

東京湾の干潟や浅瀬でとれたあさりが深川で水揚げされたことから、あさりを使ったご飯を深川めしと呼びます。江戸時代の漁師めしとされるご飯にあさり汁をかけたぶっかけめしと、家庭でつくられたあさりの炊きこみご飯のタイプがあります。

深川めしの奥深いおいしさは、新鮮なあさりから煮出したうま味成分（コハク酸）によるものです。あさりは下準備として塩水につけて砂出しをしますが、砂出しをした後は水から出して低温状態に保ち、新鮮なうちに加熱します。夏場に塩水につけたままにしておくと異臭を放つので注意が必要です。あさりの身を加熱しすぎないのもおいしさのポイントです。

もともと東京湾は豊かな漁場でしたが、埋め立てを伴う開発により干潟なども少なくなり、江戸前のあさりを手に入れるのは難しくなっています。そんな中で東京湾最深部にある干潟の三番瀬《さんばんぜ》では現在もあさり漁が行なわれ、身がふっくらとした大きなあさりは、都内のすし店などでも人気です。

著作委員＝佐藤幸子

＜材料＞ 4〜5人分

米…2カップ（320g）
水…2と1/4カップ（450mℓ・米重量の1.4倍）
アサリ…300g（むき身80g）
油揚げ…1/2枚
だし汁（昆布とかつお節）…3カップ
塩…小さじ1/2*
醤油…小さじ1*
長ねぎの青い部分または万能ねぎ…適量

*塩と醤油でだしの塩分を0.6％（3.6g）に調える。塩小さじ1/2は2.5gなので、1.1g（3.6−2.5）が醤油で加える塩分となる。醤油の塩分は塩の約1/6なので、6.6g（1.1×6）が醤油の量。

＜つくり方＞

1 アサリは殻から身をはずし、水を替えて洗い、ザルにあげ水けをきる。
2 といだ米に分量の水を加え火にかけ、火加減に注意しながら炊く（強火約5分、中火約5分、弱火約10分）。
3 だし汁を煮立て、油抜きして短冊に切った油揚げと1のアサリを加えて煮る。
4 3を塩と醤油で調味する。
5 ご飯を器に盛り、4のアサリと汁をかけ、小口切りのねぎをのせる。

炊きこみタイプの深川めし。鍋にアサリのむき身80g、酒と醤油各大さじ1を入れ、蓋をしてひと煮立ちさせる。身と煮汁を分け、煮汁は水を合わせて2.4カップにする。この水で米2カップを炊き、アサリをのせて盛りつける

撮影／長野陽一

〈千葉県〉

さざえ丼

新鮮なさざえの身のコリコリっとした歯ごたえと、肝のほろ苦さを卵でとじた、旨みたっぷりのどんぶりです。海に囲まれた南房総でも、さざえやあわびはごちそうで、新鮮なとれたてを炭火焼きにするさざえのつぼ焼きやあわび焼きは、特別なハレの日や行事で奮発して食べるもの。やや小ぶりなさざえは、このようにどんぶりにしたり、炊きこみご飯にして食べました。母親が食べたあとのさざえやあわびの貝殻を、理由はわかりませんが庭の端に並べていたので、自分も今でもそうしていると語る人もいます。

かつては子どもたちは夜になると岩場にあがってくる貝をねらって貝とりに行きました。カーバイトの灯りを持って足元を照らし、とれたのはベーゴマを逆さまにしたような「磯もん貝」やとこぶしで、家で塩ゆでにして食べたそうです。海辺の町の暮らしの中では、貝は身近な存在だったのです。

協力＝熱田恵子
著作委員＝梶谷節子、渡邊智子

撮影／高木あつ子

＜材料＞ 4人分

炊きたてのご飯…2合分
サザエ…10個
玉ねぎ…1/2個
卵…4個
砂糖…大さじ2
醤油…大さじ3
酒…大さじ2
水…1/2カップ
（あれば）三つ葉…4枚

＜つくり方＞

1. サザエは殻から出し、身と肝をスライスする。
2. 玉ねぎは薄切りにする。
3. 卵はほぐす。
4. 鍋に水と調味料を入れて煮立たせ、サザエ、玉ねぎを加える。
5. 玉ねぎがやわらかくなったら卵を回しかける。卵の縁がふんわり固まったら蓋をして火を止め、余熱で真ん中まで火を通してできあがり。
6. ご飯を1膳ずつ盛り、**5**を4等分してのせ、三つ葉をのせる。

◎玉ねぎは長ねぎでもおいしい。のりをのせてもよい。

しらす丼

〈神奈川県〉

撮影／五十嵐公

＜材料＞ 1人分

釜揚げしらす…60〜80g
ご飯…150g
青ねぎ…10g
醤油（好みで）…少々

＜つくり方＞

1 ご飯を茶碗に盛りつける。
2 ご飯の上にしらすをのせ、小口切りしたねぎを添える。好みで醤油をかけて食べる。

湘南海岸では、3月中頃の解禁日になりますと、しらすの水揚げが始まります。相模湾に面した三浦半島から真鶴《まなづる》岬までの海岸は小さな漁港が点在しており、漁師たちが海岸の砂浜でしらすをゆでて干す姿は春の風物詩です。しらすは鮮度が落ちやすいので、大釜でゆでて釜揚げしらすにして、それを風乾させたものをしらす干しとして市販します。釜揚げしらすをのせたどんぶりものを一般にしらす丼と呼んでいます。

釜揚げしらすやしらす干しは日常食で、朝食の代表的なおかずといえるでしょう。朝食では大根おろしにのせることが多く、昼食では定食屋などでしらす丼が食べられます。

生しらすは、昭和40年代は漁師とその関係者だけが食べていましたが、現在は冷蔵技術の発達により、スーパーマーケットにも並ぶようになりました。地元の漁業協同組合の食堂や小料理店では、漁のあった日に、水揚げそのままの生しらす丼が提供されています。

協力＝高橋久枝、吉田和子
著作委員＝大越ひろ

〈福井県〉

ぼっかけ

あっさりした味つけで、だし汁をたっぷりかけるので、するすると喉を通り、茶碗に軽く盛ったご飯はすぐになくなってしまいます。県北東部で石川県と接する勝山市で、冠婚葬祭から歓送迎会まで宴席のしめで出されてきました。

勝山市は古くから繊維産業が盛んで、明治時代には工場も建ちにぎわいました。料亭では芸子さんが、あいた茶碗におかわりをポンと入れたのでぼっかけと名がついたといいます。昔はたらことせりでもつくったそうです。

県内には他にもぼっかけと呼ぶ料理があります。勝山市の隣の坂井市周辺では、ごぼうや厚揚げを入れたのっぺい風の汁をご飯にかけて披露宴のしめにします。おいしいので、帰る客をぼっかけて（追いかけて）も食べてもらうのだといいます。やや南の越前市や鯖江市、池田町ではご飯に温めた豆腐と大根おろしをのせ、ねぎとかつお節、醤油で味つけしたぼっかけが、浄土真宗の祖・親鸞聖人《しんらんしょうにん》を慕う報《ほう》恩講《おんこう》の夜食でした。

協力＝山岸祐子、道上鈴子、嶋田法子
著作委員＝森恵見、谷洋子

撮影／長野陽一

＜材料＞ 4人分

ご飯…茶碗2杯分
かまぼこ（赤または白）…50g
三つ葉…1わ（約20g）
だし汁（かつお節と昆布）…3カップ
うす口醤油…少々
塩…少々
のり…適量

＜つくり方＞

1 かまぼこと三つ葉をみじん切りにする。
2 鍋にだし汁と醤油、塩を入れて煮立てる。
3 茶碗にご飯を盛りつけ、1を上に散らす。熱々の2をかけ、細切りののりを散らしていただく。

撮影／高木あつ子

<材料> 4人分

ご飯…茶碗4杯分（600g）
アジ…2尾（150g程度のもの）
長ねぎ…40g
しょうが…20g
だし汁*…3カップ
塩…小さじ1（5〜6g）
醤油…小さじ1強（6mℓ）

*かつおだしか、魚のあらでとった潮汁。

<つくり方>

1 アジは三枚におろし、ヒレをとり、小骨と皮をとり除く。
2 ねぎ、しょうがはみじん切りにする。
3 アジを小さく切り、ねぎ、しょうがと一緒に包丁でたたいて、たたきにする（写真①）。包丁を2本使ってリズミカルにたたくとよい。
4 だし汁を、塩、醤油で味つけする。
5 器にご飯を盛り、その上に、たたきをのせる。
6 上から沸騰させた4のだし汁を注ぐ。

◎好みでせん切りの青じそ、ごま、刻みのり、わさびなどをのせることもある。

①

〈静岡県〉
あじのまご茶漬け

新鮮なあじのたたきをご飯にのせ、熱いだし汁をかけたお茶漬けで、伊豆半島沿岸部の漁師めしです。もともとあじのたたきは、漁師が船上でとれたてのあじと味噌を混ぜた「沖なます」から生まれた料理で、東京の板前が伊豆で食べたたたきに感動し、自分の店で出して一気に広まったといわれています。

あじは適度なかたさとうま味があり、甘い脂がのっているので、醤油には漬けずにたたきにします。ここに味つけした熱いだし汁をかけると、たたきの表面だけが煮えてうま味が増し、中は生のままで食感の違いも楽しめるのです。あまりのおいしさから、船上でまごまごしていると食べられなくなる、おいしいので孫に食べさせたい、あるいはまぐろ茶漬けを略したなどから名前がついたといわれています。

地元ではたたきもまご茶漬けも味わいたいので、まず醤油をつけてたたきをご飯と食べ、余ったたたきを2膳目のご飯にのせ、薬味ものせて、熱々のだし汁をかけて食べます。

著作委員＝市川陽子、伊藤聖子

生しらす丼

〈静岡県〉

春、県内の人たちが待ち遠しいのが、桜の開花と3月21日のしらす漁の解禁です。カタクチイワシやマイワシの稚魚であるしらすはプランクトンが豊富な駿河湾の特産で、漁港周辺では水揚げされたばかりの新鮮なしらすが流通します。しらすは足が早く鮮度のよいものしか生食できません。とれたての生しらすを熱々のご飯の上にのせ、刻みのりやねぎ、おろししょうがなどをのせて、さっと醤油を回しかけただけのどんぶりは産地だけの贅沢なのです。

水揚げが多いのは県西部の遠州灘に面する地域ですが、富士川、安倍川、大井川などが駿河湾に流れ込む汽水域や内湾の入口周辺の砂浜近くも日本有数の漁場となっています。なかでも静岡市の用宗《もちむね》港と、富士市の田子《たご》の浦《うら》港の周辺は有名です。シラス漁業には一艘曳《ひ》き網と二艘曳き網があり、田子の浦港では漁獲量は少ないですがより短時間で水揚げされる一艘曳き網のため、さらに鮮度がよく生食でプリプリ感が楽しめます。

著作委員＝市川陽子、伊藤聖子

撮影／五十嵐公

＜材料＞ 4人分

ご飯…茶碗4杯分（600g）
生シラス…200g
刻みのり…適量
わけぎ…適量
おろししょうが…適量
醤油…適量

＜つくり方＞

1 ご飯を器に盛り、刻みのりを散らしてから生シラス、刻んだわけぎをのせ、おろししょうがを添える。
2 醤油をかけていただく。

◎しょうがの代わりに、生わさびをおろして添えてもよい。

〈兵庫県〉

あなごめし

播州《ばんしゅう》の焼きあなご（白焼き）は、瀬戸内海がもたらす豊かな海の幸で、うなぎと違って脂ののる旬の夏場でもさっぱりとしていて深い味わいがあります。加古川市内でも明治初期からの老舗をはじめとする焼きあなご店がいくつもあり、朝5時から焼き始め、6時から営業しています。昔は始発電車で出かける人のお土産として利用されることが多かった名残だそうです。

焼きあなごは東播磨の巻きずしやちらしずしには欠かせないものですが、白焼きのまま軽くあぶってわさび醤油で食べたり、たれをつけながら焼いたり、それをご飯にのせたどんぶりでも楽しみます。

加古川市には県下最大の一級河川・加古川が流れています。清流といわれ、今でもうなぎやなまず、しじみや手長えびもいます。聞き書きをした家庭では、昔は親戚が加古川で釣ったあなごをときどき届けてくれ、母がさばいて子どもがコンロで焼いたといいます。焼きたてのやわらかなおいしさは忘れられないそうです。

協力＝細目早苗
著作委員＝富永しのぶ

手前右の椀はかけ汁

撮影／高木あつ子

<材料> 4人分

アナゴの白焼き…4匹
炊きたてのご飯…600〜800g

【アナゴのたれ】 100〜120mℓ

アナゴの頭…4個
水…1/2カップ
醤油…大さじ4
みりん…大さじ4
酒…大さじ2

【かけ汁】

水…4カップ
煮干し*…10〜15匹
塩…ひとつまみ
昆布茶…少々

【薬味】

味つけのり…小袋1袋
わさび、姫あられ、三つ葉…少々

*アナゴの骨があれば4匹分を使い、煮干しは使わない。

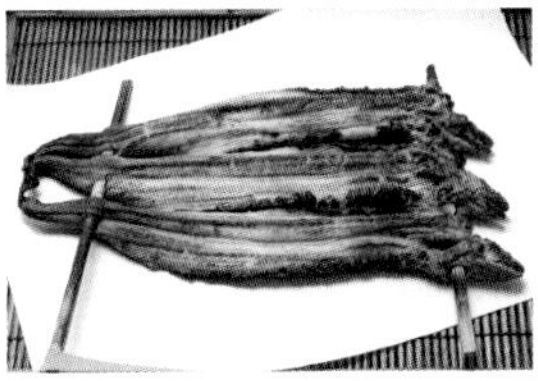

アナゴの白焼き

<つくり方>

1. たれをつくる。たれの材料すべてを合わせて100〜120mℓになるまで煮つめる。
2. かけ汁をつくる。煮干しの頭と内臓をとり、しばらく水につけて火にかける。沸騰したら弱火で5分煮出す。塩と昆布茶を入れる。
3. アナゴの白焼きを軽くあぶり、蒸気の上がった蒸し器で約3分蒸す。
4. アナゴをとり出し、たれをつけてグリルの弱火でごく軽く焼く。2〜3度繰り返す。やわらかさがポイントなので、焼きすぎないこと。
5. 茶碗にご飯を盛り、4のアナゴを4〜5cmに切ってのせる。その上にたれを適量かける。好みで粉山椒をかけてもよい。
6. 半量はそのまま食べ、あとはかけ汁をかけ、わさび、三つ葉、あられ、のりの細切りをのせて食べる。

〈岡山県〉

ふなめし

総社《そうじゃ》市長良《ながら》あたりは県南西部、市の中心部から東へ約5㎞に位置する盆地の農村部でした。ふなめしは当地の冬の料理として非常にポピュラーで、幅広い世代に好まれる味わいです。もとは冬に池の水落としをしたときにとれる脂ののった寒ぶなでつくる料理でした。今は季節になるとふなのミンチが売られるのでそれを使うことが多いですが、家々でふなをさばいてつくるときは、とにかく下ごしらえを丁寧にすることが臭みなくおいしく食べるコツでした。ミンチからつくるときも、酒をふって油で炒めることで臭みを飛ばしています。しょうがやねぎをたっぷり使うことも、風味をよくし体を温めます。

いもは里芋を入れることも多いそうですが、今回のレシピではじゃがいもを入れています。聞き書き調査した方の家では、あっさりとしたふなにはじゃがいもが合い、ぬめりのある里芋は同じくぬめりのあるどじょうと合わせるとおいしいというのだそうです。

協力＝鍵山松子　著作委員＝我如古菜月

撮影／長野陽一

＜材料＞4人分

炊きたてのご飯…600g
フナ（ミンチ）…100g
酒…大さじ3
油…大さじ2
油揚げ…1枚
ごぼう…1/2本（100g）
にんじん…2/3本（100g）
大根…5㎝（200g）
じゃがいも…1〜2個（200g）
しょうが…2〜3かけ（50g）
白ねぎ…1/2本（60g）
水…4カップ
醤油…大さじ4
みりん…大さじ3と1/3
塩…少々

フナのミンチ。2度びきの「本ぐり」

＜つくり方＞

1 油揚げはせん切り、ごぼうはささがき、にんじんと大根はいちょう切りにする。じゃがいもは4〜5㎜のいちょう切り、しょうがは薄切りにする。ねぎは分量のうち少々残して約5㎜の小口切りにし、それ以外はみじん切りにする。
2 フナのミンチに酒をふりかけ、熱した鍋に油を入れてミンチを加える。菜箸でほぐし、色が白くほろほろになるように炒めたら油揚げを入れてひと混ぜして水を加える。
3 みじん切りのねぎ以外の野菜を全部入れて弱火で煮る。やわらかくなったら調味料で味を調える。
4 器にご飯を盛り、3をたっぷりとかける。みじん切りのねぎをのせる。

◎フナをさばくところからつくる場合は、フナの表面に適量の塩をさするようにまんべんなくつけて1〜2分置き、水洗いしてからさばくと、臭みがとれる。

◎どじょうを芋や根菜と煮てご飯にかけることもあった。

〈広島県〉

さつま

焼いたこのしろと味噌をすり合わせ、冷たいだし汁でのばしたものを、炊きたてのご飯にかけて食べる夏の汁かけめしです。広島市の東側、瀬戸内海に面する海田町《かいた》の郷土料理で、江戸時代に京都と下関や九州をつなぐ西国《さいごく》街道の宿場町だったこの地に、参勤交代の折に薩摩の国の下級武士から伝わったとされています。隣の広島市南区でも食べられています。

手に入りやすいこのしろですが、小骨が多いので焼く前に斜めに包丁を入れ、焼いてからすり鉢で丁寧にすります。こうすると、小骨を気にすることなく食べられます。香りがよくなるので、味噌を焼いて加えたり、しょうがや、細かく刻んだみかんの皮、ゆずの皮を使うこともあります。

聞き書きをした家庭では、小学生の頃に友だちが遊びに来ると、必ず父親がさつまをつくってもてなしてくれたとのことです。ただ、ばらずしや押しずしなどと違って見た目が地味なので、子ども心にとても恥ずかしかったそうです。

協力＝入江孝子　著作委員＝渡部佳美

<材料> 4人分

炊きたてのご飯…2合分
コノシロ*（20cm程度）
…2尾（正味200g）
こんにゃく…2/3枚（160g）
だし汁（いりこ）…2カップ
味噌（淡色系米味噌など）…80g
青ねぎ…20g

*ギザミ（キュウセン）、アジでつくることもある。

<つくり方>

1. こんにゃくを細切りにして塩もみをし、さっとゆでる。
2. コノシロは小骨が多いので、エラと内臓を除いたあと、両面に斜めに切れ目を入れる（写真①）。
3. 魚を焼き、指に当たる小骨をとりながら身を手でほぐす（写真②）。
4. 3をすり鉢ですり、味噌を加えてさらによくすり合わせる。
5. 魚と味噌がまんべんなく合わさったら、冷やしておいただし汁を加える（写真③）。
6. 1のこんにゃくを入れ、小口切りにしたねぎを混ぜる。ねぎは少し残しておく。味が薄い場合はうす口醤油で味を調える。
7. 炊きたてのご飯にかけ、残しておいたねぎを散らす。

撮影／高木あつ子

〈徳島県〉
かつおの茶ずまし

美波《みなみ》町や海陽町など太平洋に面した県南部の家庭では、春や秋にかつおがとれると刺身を醤油漬けにしてお茶漬けにします。もともとは漁に行った際に船上で食べた漁師めしで、漁業のさかんな県南ならではの食べ方です。

お茶は、山間部の那賀《なか》町相生《あいおい》地区と上勝《かみかつ》町だけでつくられている阿波《あわ》晩茶《ばんちゃ》を使います。後発酵茶《こうはっこうちゃ》といって乳酸発酵させた珍しいお茶で、若い葉ではなくしっかり成長した葉を摘み、沸騰した釜でゆでてからもみ、桶に入れて重しをして2週間からひと月発酵させてつくります。県内で番茶といえばこの阿波晩茶のことをいい、緑茶が多く飲まれるようになった今でも日常的に親しまれています。

このお茶をしっかり煮立たせ、沸騰したてをかけると身の表面が白くなり、かつおからおいしいだしが溶け出します。かつおの香りとほんのり酸味のあるお茶の香りがマッチし、地元の人は昔から日常的に食べていますが、おいしくてあきないそうです。

協力＝寺内昭子　著作委員＝後藤月江

撮影／長野陽一

＜材料＞ 4人分

ご飯…大きい茶碗4杯分（720g）
カツオの上身《じょうみ》*（新鮮なもの）
…300〜320g
醤油…大さじ2と1/2
練りわさび…小さじ1と1/2（8g）
刻みのり…1.2g（1/2枚分）
阿波晩茶…軽くふたつかみ（8g）
湯…1ℓ

*三枚におろし皮や骨などを除いたもの。

徳島特産の阿波晩茶

＜つくり方＞

1 カツオの上身は刺身状に切り、10分程度醤油に漬ける。
2 やかんに湯を沸かし、沸騰している中に阿波晩茶を入れる。味と香りを立たせるために1〜2分沸かす。
3 深めの茶碗にご飯を盛り、1のカツオをのせる。
4 熱い阿波晩茶をかけ、刻みのりとわさびを添える。

刺身、薬味、卵黄、たれを用意してご飯にかける

撮影／五十嵐公

＜材料＞ 4〜5人分

タイ（刺身用サク）…約300g
炊きたてのご飯…3合分
たれ
- だし汁（かつお節と昆布）…2カップ
- 醤油…80mℓ
- みりん…大さじ2
- 酒…大さじ1/2

卵黄（新鮮なもの）…4〜5個分
大根…適量（なくてもよい）

【薬味】

青ねぎ、刻みのり、温州みかん、ゆずなどの柑橘の皮…適量
その他好みで炒りごま、わさびなど…適量

＜つくり方＞

1 タイのサクは、薄めのそぎ切りにする。大根はせん切りにして刺身のけんにする。青ねぎは小口切り、柑橘の皮は表面の黄色い層をみじん切りにする。
2 だし汁に醤油、みりん、酒を加え、ひと煮立ちさせてアルコール分を飛ばして冷ます。
3 新鮮な卵黄を1人1個ずつ小鉢に入れ、たれで溶いておく。
4 炊きたてのご飯の上に1のタイの切り身と薬味をのせ、3を適宜かけて食べる。

◎卵黄とたれを混ぜたものに少しの間タイの切り身を漬け、それをご飯の上に薬味とともにのせ、適宜残りのたれをかけて食べてもよい。

〈愛媛県〉

鯛めし

鯛めしには、東予・中予を中心とした、鯛を丸ごとのせた炊きこみタイプと、ここで紹介している、南予の刺身丼タイプがあります。宇和海の日振島《ひぶりじま》を拠点にしていた伊予水軍が、船上で魚の切り身を醤油につけて食べた「ひゅうが飯」が始まりといわれています。「ひゅうが」は日振島がなまって、もしくは日向《ひゅうが》の国（宮崎県）から伝わったからとの説があります。昔は鯛の漁獲量が少なく高価なので、あじ、鯛、いわし、かつお、まぐろなど新鮮な魚なら何でも使っていました。「ひゅうが飯」の中でも、鯛だけを使ったものを「鯛めし」と呼んでいたそうです。

鯛をよく使うようになったのは、漁が底曳《び》き網漁に変わった昭和に入ってからといわれています。その後、昭和40年頃から県内で鯛の養殖が始まり、より入手しやすくなりました。産地ならではの新鮮な魚のおいしさを生かした食べ方で、簡単なのに華やかで、魚の種類を替えればケにもハレにもなります。

協力＝清家民江、清家千鶴子
著作委員＝皆川勝子

〈愛媛県〉

さつま

新鮮な魚の焼き身に麦味噌を加えてすり、だし汁でのばした汁を温かいご飯にかけた、南予や中予一帯でつくられている日常的な料理です。つくりおきができるので、おかずがないときにも重宝されました。海に近い地域は海の魚、中山間部では川魚が使われ、魚の種類で味わいの違うさつまが地域ごとに受け継がれています。魚の旨みと麦味噌の風味がご飯にからんでさらりとのどを通り、暑い夏でも食欲をそそられます。由来は、薩摩（鹿児島県）から伝わった、夫が妻を助けて（佐妻）つくったなど諸説ありますが、定かではありません。ひや汁と呼ぶ地域もあります。

宇和島市吉田町は、宇和海に突き出した半島とその付け根部分からなり、現在は柑橘の栽培が中心ですが、昭和30年代までは、はだか麦もつくっていました。はだか麦の生産は愛媛県が日本一で、麦と大豆でつくる自家製の甘口の麦味噌は、香りが豊かでまったりとして、さつまによく合います。

協力＝清家民江　著作委員＝亀岡恵子

＜材料＞ 4〜5人分

魚*（タイなど）…尾頭つき260g（切り身130g）
麦味噌（塩分約10％）…100g
白ごま…小さじ2
だし汁**（かつお節）…240mℓ
ご飯（白めしまたは麦ご飯）…3合分
薬味***
- 青ねぎ…15g（3本）
- 温州みかんの皮…1/2個分

*魚は、タイ、アジ、コノシロ、エソ、サヨリ、カマス、イトヨリなどの白身魚や青魚、アユ、アマゴ、アメノウオなどの川魚が使われる。新鮮な魚が入手できないときは干し魚や煮干しを使う。煮干しは軽く焼くか炒って細かく刻み、すり鉢ですって使う。

**魚の身をとったあとの頭と中骨でとったものでもよい。

***せん切りのこんにゃく、刻んだきゅうり、青じそ、しょうが、ゆずなど柑橘の皮を好みで使い、食感や鼻を抜けるさわやかな香りを楽しむ。

＜つくり方＞

1. 魚はウロコと内臓を除き、素焼きにして身をほぐす（写真①）。
2. ごまを軽く炒り、すり鉢でする。味噌を加えてさらにする。麦の粒や外皮の一部・黒条線は、食物繊維が多いが食感が悪いのでよくすりつぶす。すった味噌はとり出す。
3. 2のすり鉢で、1の魚の身をすりつぶし（写真②）、2の味噌を戻してさらにする（魚味噌）。
4. 3にだし汁を少しずつ加えてすりのばす（写真③、④、⑤）。
5. みかんの皮は白いところをそぎとり、黄色い香りのよい部分をみじん切りにする（写真⑥）。
6. 温かいご飯に4のすり身汁をかけ、小口切りのねぎとみかんの皮を添える。

◎3のあと、すり鉢の中の魚味噌を鉢の内側にのばしてぬり、鉢を裏返して火にかざし、香りを出すこともある。

◎つくりおきする場合は冷蔵する。かつおだしを使うと1、2日は生臭くならない。ただ、冷蔵すると粘りが出るので、少しゆるめに仕上げ、食べる前にだし汁を加えて濃度を調整するとよい。濃度はどろどろより、少し薄いくらいが頃合いである。

撮影／五十嵐公

〈福岡県〉

うなぎのせいろ蒸し

柳川ではうなぎのかば焼きをどんぶりや重箱で食べるのではなく、せいろ蒸しにします。かためにに炊いたご飯に甘口の醤油たれをまぶし、香ばしいかば焼きをのせて蒸すと、うなぎは皮までやわらかく、脂ののった肉厚の身は舌の上でとろけるほどです。夏の土用はもちろん、熱々のせいろ蒸しは秋冬の寒さの折も好まれ、柳川の郷土料理としても有名です。江戸時代中期に、うなぎ料理人の本吉七郎兵衛が考案したとされています。

有明海に面する柳川は標高が低く、水の流れをコントロールするために掘割《ほりわり》(水路)が縦横に張り巡らされています。かつては天然うなぎもとれて、父親が家でさばいて焼く家庭もありました。現在は地元のうなぎ屋や川魚店で養殖ものの素焼き(白焼き)やかば焼きを求め、家庭でせいろ蒸しに仕上げています。来客や家族の帰省時にはせいろをめいめいに用意したものですが、大きなせいろのまま出したり大鉢に盛り、とり分けて食べることが多くなりました。

協力=古賀千浪、高橋努武、龍俊夫
著作委員=吉岡慶子、猪田和代、山本亜衣

＜材料＞ 4人分

活ウナギ…2尾(1尾300～400g)

A
- 水…150mℓ
- 醤油、みりん…各50mℓ
- 水あめ…小さじ2(適量)

米…2カップ(360g)

B
- 水…85mℓ
- 醤油(九州産甘口醤油)…大さじ2
- ザラメ…35g
- みりん…小さじ2
- 酒、醤油…各大さじ1
- 水あめ…小さじ2(適量)

錦糸卵
- 卵…2個(120g)
- 砂糖…小さじ2/3(2g)
- 塩…0.2g
- かたくり粉…0.3g

木の芽(好みで)…適量

＜つくり方＞

1 ウナギは目打ちをして固定し、えらを除き、背開きにして内臓、中骨、腹骨をとる。開いたうなぎの両面を水で洗い、水けをよくふきとり、冷蔵庫で2～3時間おいて身をしめる。

2 たれA、Bをつくる。それぞれの調味料を一度煮立たせ、ザラメは溶かしておく。

3 錦糸卵をつくる。

4 ウナギは串を打たず、1尾をそのまま、高温の炭火で素焼き(白焼き)にする。

5 ウナギをAのたれにつけ、再び高温の炭火で焼く。これを2～3回繰り返しながらかば焼きに仕上げる。

6 米は浸漬後、同量の水でかために炊く。炊き上がったらボウルに入れ、Bをふりかけて混ぜ、たれがよくしみるようにしばらくおく(味つけめし)。

7 竹製のザルや中華せいろに6の味つけめしを入れ、上に3～4cm幅に切ったかば焼きを並べてのせ、蒸気の立った蒸し器で一気に蒸し上げる(強火で7～8分)。錦糸卵をきれいに盛り、あれば木の芽を飾る。

8 竹ザルを大鉢に入れたり、せいろのまま食卓に供し、好みの量をめいめいの皿にとり分ける。

◎小さいせいろや木枠があるときは、1人前ずつ盛って蒸す。

◎できあがったせいろ蒸しを俵形や三角のおむすびにして、笹の葉に巻いてもよい。

◎中骨は揚げて骨せんべい、肝は肝吸いにするとよい。

柳川市内の川魚店にて。さばく前に上から清水が流れ落ちる立て場でウナギを休ませ、臭みなどを抜く

目打ちで固定し、専用の包丁で背開きにする

素焼きにたれをつけて焼いたかば焼き。ふっくらと香ばしく焼き上がっている

それぞれの桶には、鹿児島や宮崎から仕入れたウナギが入っている

一枚開きのまま串を打たずに高温の炭火で焼く。これが素焼き(白焼き)

撮影／長野陽一

〈大分県〉

鯛茶漬け

国東《くにさき》半島の南で別府湾に面する杵築《きつき》市では、新鮮な魚を使った茶漬けがさまざまに食べられています。中でもこの鯛茶漬けはごちそうで、地元で大変愛されている料理です。杵築の殿様も好み、「うれしいのぉ」とつぶやいたという言い伝えがあり「うれしの」とも呼ばれています。鯛はまず刺身を醤油で食べ、次に濃厚なごまだれにからめ、さらにそれをご飯にのせ、最後に杵築茶をかけ、サラサラとしめの茶漬けとして味わいつくします。

かつて瀬戸内海各地で行なわれていた伝統漁法「鯛のしばり網漁」が杵築でもさかんだったため、鯛は古くからの名産でした。その鯛をふんだんに使う鯛茶漬けは、茶漬けではあっても贅沢な食べものでした。庶民は日常的には、えそのすり身をご飯にのせ、お茶をかけて食べていました。また、ぶつ切りのあじやさばをすりごま、しょうが、ねぎ、みりん、醤油で漬けにして、ご飯にのせお茶をかけた「りゅうきゅう茶漬け」も親しまれています。

協力＝綿末しのぶ　著作委員＝望月美左子

撮影／戸倉江里

＜材料＞4人分

- ご飯…180g×4杯
- タイ（刺身用）
  …200g（1人分5切れ程度）
- ごまだれ
  - 白ごま…50g
  - みりん…大さじ2
  - 刺身醤油*…大さじ3
  - 濃口醤油…大さじ2
  - 砂糖…大さじ1
  - だし汁（昆布といりこ）…90mℓ
- 刻みのり…適量
- 青じそ…適量
- わさびまたはおろししょうが…適量
- 煎茶（杵築茶）…150mℓ程度×4

*大分県では、甘味のある醤油を好む人が多く、醤油に甘味料が入っているものもあるので、味見をする。

＜つくり方＞

1. 白ごまはすり鉢で油分が出るまで、よくする。
2. タイは、刺身のように薄く切る。
3. 鍋に煮切ったみりん、刺身醤油、濃口醤油、砂糖、濃いめにとっただし汁を入れ、ひと煮立ちさせて冷ます。
4. 1のごまに、冷めた3の調味料を少しずつ入れて、すりこぎでかき混ぜ、ごまだれをつくる。
5. 4にタイを入れてからませ、4〜5分なじませる。
6. 茶碗にご飯を盛り、5のタイを放射状に盛り、上からたれをかける。さらに、きざみのりと青じそのせん切りを天盛りにし、わさびまたはおろししょうがを添える。好みで木の芽を添えてもよい。
7. 熱い杵築茶をかけていただく。

◎ごまが洗いごまの場合は、焦がさずに香ばしさを出す程度に炒ってから、よくすり混ぜる。

◎ごまだれは冷蔵庫で1週間ほど保存できる。多めにつくって野菜を和えてもおいしい。

黄飯《おうはん》〈大分県〉

　黄飯は、くちなしの実で黄色に染めたご飯です。かつてはどこの家にも庭先にくちなしの木がありました。「かやく（加薬）」とよばれる汁けの多い煮物のような料理と一緒に出されます。必ずセットになっているので、しだいに黄飯にかやくをかけたものを「黄飯」と呼ぶようになりました。さらに色染めご飯がない「かやく」だけでも黄飯と呼ぶこともあります。

　黄飯の由来は、戦国大名の大友《おおとも》宗麟《そうりん》が南蛮貿易をしたため、地中海料理のパエリヤの影響を受けているという説や、江戸時代に臼杵《うすき》藩を治めた稲葉の殿様が、祝いや参勤交代のときに家臣を労うために赤飯の代わりにくちなしの実を使って米を炊いたという説、さらには豪華な汁かけご飯のことを芳《ほう》飯《はん》と呼ぶことからきているなどの説があります。

　また、セットになっているかやくは、商家が大量につくっておいて多忙なときに温め直しては食べていたものとされています。殿様料理と商家の料理が融合した、興味深い料理です。

協力＝宇佐美裕之　著作委員＝西澤千恵子

撮影／戸倉江里

＜材料＞4人分

【黄飯】
- 米…2合
- くちなしの実…2〜3個

【かやく】
- 豆腐…1丁（300〜400g）
- 大根…1/5本（200g）
- にんじん…1/2本（100g）
- ごぼう…1/2本（80g）
- 干し椎茸…2枚（5〜10g）
- 魚（エソ、アジなど）…中1尾
- ごま油…大さじ1
- ┌酒…小さじ2
- │うす口醤油…大さじ2
- │みりん…小さじ2
- └塩…適量
- 小ねぎ…適量

供するときは黄飯（左）とかやく（右）は別々に出す

＜つくり方＞

【黄飯】

1 くちなしの実をすりこぎなどでたたいて割り、ガーゼなどに包んで3カップの水（分量外）に入れ、加熱する。沸騰したら弱火で煮出す。山吹色になったら火を止め、くちなしをとり出す。

2 米をとぎ、1に30分以上つける。水が足りなければ足す。白飯と同様に炊く。

【かやく】

3 豆腐の水を軽くきり、大きくちぎる。

4 大根とにんじんは短冊切りにする。

5 ごぼうはささがきにして水につける。干し椎茸を水で戻して薄切りにする。

6 魚は焼いて骨と内臓を除いて身をほぐす。

7 鍋にごま油を熱し、野菜、豆腐と魚を炒める。

8 椎茸の戻し汁1カップ（分量外）と酒、醤油、みりん、塩を加えて、具がやわらかくなるまで煮る。

9 ねぎを斜め切りや小口切りにして混ぜる。

〈宮崎県〉

冷《ひ》や汁《しる》

夏の昼ごはんに食べることが多く、いりこやごまがたっぷり入った味噌味の冷たい汁を、麦めしにかけていただきます。もともとは農村部で食べられていた即席の汁かけめしで、暑くて食欲が落ちたときでも食がすすむことから、今では県内の多くの地域で食べられています。

冷や汁は家庭ごとの味があり、焼いたあじなどをほぐして入れたり、なすやしょうが、また、味にコクが出ると落花生を加えたりする家庭もあります。味噌を焼くのがポイントで、香ばしい香りがつきます。昔はコンロの上にすり鉢を逆さにかぶせて焦げ目をつけましたが、最近はアルミホイルに味噌をのばしてオーブントースターで焼きます。

具も汁もしっかり冷えている方がおいしいので、冷や汁を食べるときは朝からつくっておきます。すり鉢ごと氷水で冷やしておくと豆腐やきゅうりにも味がしみていっそうおいしく、夏のほてった体がすーっと冷えていきます。

協力＝濱田寛子
著作委員＝磯部由香

<材料> 4人分

麦めし*…2合分
いりこ…50g
白ごま…20g
麦味噌…180g
湯…3カップ
豆腐…1/2丁
きゅうり…1本
青じそ…5枚
みょうがが…1個

*米2合に押し麦大さじ3を加え、水460mℓで炊く。

<つくり方>

1 いりこの頭と腹ワタをとり、フライパンでパリッとなるまで炒るか、皿に広げて電子レンジで加熱する。時間は500Wなら1分かけ、かき混ぜてさらに1分程度(計2分)。
2 すり鉢でいりこをしっかりすりつぶす。粉状になったらいったんとり出し、ごまをすりつぶす。ごまも粉状になったらいりこを戻し、味噌を加え、さらによくする。
3 すり鉢に**2**を塗りつけ、コンロの上で逆さにおいてあぶり、軽く焦げ目をつける(写真①、②)。
4 沸騰させた湯を**3**に少しずつ加えて溶かす(写真③)。
5 豆腐を手でくずしながら加えて混ぜ(写真④)、輪切りにしたきゅうりを加え、すり鉢ごと氷水につけ冷やす(写真⑤)。
6 せん切りした青じそとみょうがを加え、ほんのり温かい麦めしにかけて食べる。

撮影／高木あつ子

〈愛知県〉

とろろご飯

三河地方では、とろろご飯を正月の2日に食べる風習があります。これは正月の食べ過ぎた胃を休めるため、また、とろろに滋養強壮効果があるといわれることから1年間の健康を祈願して食べられるようです。里山が近い、豊橋市を中心とする東三河地方では、正月に限らず、秋から冬にかけて、自生している自然薯が手に入ったときにもつくります。自然薯は風味があり、粘りけが強いのが特徴。手に入らないときは長芋や山芋などの栽培した芋を使いますが、やはり自然薯のおいしさにはかないません。

山で掘った自然薯が届くと、嫁いだ娘家族も呼びよせ、鉢いっぱいのとろろを山椒のすりこぎを使い、皆で交代してゆっくりと時間をかけてすります。大きなすり鉢を食卓の上にのせ、押し麦の入ったご飯にかけておなかいっぱい食べるのが家族の冬の楽しみです。とろろに入れるだし汁の味つけはやや甘めで、東三河地方では味噌味（豆味噌）もあります。

協力＝竹川雅子、岩井淑子
著作委員＝山内知子、松本貴志子

手前は醤油味、奥は味噌味

撮影／五十嵐公

＜材料＞ 4人分

- 米…2合（280g）
- 押し麦…80g
- 水…560mℓ
- 自然薯…250g
- 卵…20g（約1/2個分）
- だし汁（かつお節）…400mℓ
- 醤油…大さじ2
- 砂糖…大さじ1
- みりん…1/4カップ
- 青ねぎ…40g（8本）
- のり…2/5枚

＜つくり方＞

1 米を洗い、押し麦、水を加えて炊く。
2 だし汁に調味料を加える。
3 自然薯はひげ根を焼くか皮をむき、すり鉢のへりで丁寧にすりおろし、さらにすりこぎでする。その中に卵を入れ、さらにする。
4 3に2のだし汁を少しずつ入れながらすり、好みの濃さにする。
5 麦ご飯に4を好みの量をかけ、その上に細く切ったのりと小口切りのねぎをのせる。

◎だし汁と調味料でタラなどの白身魚80gを煮て、とろろに入れる家庭もある。だし汁のうま味が増す。

撮影／長野陽一

＜材料＞ 6人分

伊勢いも*(または山芋)…400g
だし汁（煮干しなど）…4カップ
合わせ味噌（米味噌と豆味噌）…60g
白ごま…40g
麦ご飯…適量
もみのり、青ねぎの小口切り、七味唐辛子…適量

*伊勢いも。大和いもの改良品種で、三重県の伝統野菜。

＜つくり方＞

1 温かいだし汁に味噌を溶かし、人肌に冷ます。
2 すり鉢でごまをする。その中に皮をむいた伊勢いもをすり鉢のすり目でおろし入れる。すりこぎですり混ぜながら、1の味噌汁でのばす。
3 好みの濃度になったら熱いご飯にかけ、もみのり、ねぎ、七味唐辛子など好みの薬味をふる。

〈三重県〉

とろろ汁

北勢・中勢・伊勢志摩で日常的に食べられています。とろろ汁に使う伊勢いもは大和いもの改良品種で、強い粘りを利用して和菓子の原料（薯蕷《じょうよ》）にもなっています。伊勢いもの産地である多気《たき》町での栽培の歴史は古く、300年以上といわれています。近世以降、種いもが伊勢参り客によって全国に持ち帰られました。そして「加賀丸いも」のように、その土地で改良されて栽培されているものもあります。また、伊勢市には「横輪《よこわ》いも」といったより原種に近い品種も残っています。

昨今はすまし仕立ての汁でのばすことが多いですが、ここで紹介する鈴鹿地区のとろろ汁は炒りごまをすり、味噌汁でのばした、かなり濃厚な風味です。今は、年中食べられていますが、津市では豆まき（節分）の夕食に食べる風習があったそうです。農作業が忙しいときに、ご飯、とろろ汁、漬物があればおかずがなくてもご飯が食べられる貴重な食材で、伊勢いもの自家栽培もさかんだったようです。

著作委員＝水谷令子、乾陽子

〈兵庫県〉

とろろご飯

兵庫県では播磨地域や阪神北の三田《さんだ》市など、正月2日の朝には必ずとろろご飯を食べる風習のところがいくつかあります。1日や3日の朝に食べる、もちの雑煮も楽しみですが、とろろご飯ものどの通りがよく、風味が違っておいしいものです。熱くしただし汁でのばした熱いとろろを熱々のご飯にかけて、できたてを食べると元気になります。

県中南部にある北播磨地域の小野市あたりは米どころなので、麦ご飯ではなく白米ご飯に丹波山の芋のとろろをかけます。

北播磨北部の山間部にあった協力者の実家ではつくね芋を栽培していましたが、小野市の屋敷まわりの畑では栽培がうまくいかないため、購入しているといいます。山の芋は湿り気の多い水田などの方がうまくできるのだそうです。12月になるとスーパーや道の駅で、いろいろな山芋が売られていますが、粘りの強い丹波篠山《ささやま》産の山の芋（黒皮のげんこつ大の塊状）を好んで使っているそうです。

協力＝村田好子
著作委員＝片寄眞木子

撮影／高木あつ子

＜材料＞4人分

ご飯…600g（2合分）
丹波山の芋…1個（420g）
だし汁*…2カップ
みりん…大さじ1と1/2
うす口醤油…大さじ2
卵…1個
葉ねぎ…10g
味つけのり…4g

*煮干し、かつお節、昆布など好みのだしでよい。

丹波山の芋

＜つくり方＞

1 だし汁に調味料を入れ、一度沸騰させてからごく弱火で保温しておく。
2 山の芋の皮をむき、おろし金ですりおろしてすり鉢に入れる。
3 すりこぎですりながら、少しずつ熱いだし汁を加えていく。
4 よく混ざったら、卵を割り入れて、さらによく混ぜる。
5 茶碗に半分程度のご飯をよそい、4のとろろをたっぷりかける。
6 好みでねぎ（小口切り）やのり（細切り）をかける。

〈島根県〉
うずめめし

白いご飯の下に野菜などを煮たおかずをうずめ、わさびと一緒に食べます。石見《いわみ》地域の山間部に伝わる料理で、そのいわれには贅沢なおかずを隠した、粗末なおかずを隠したなど諸説あります。

広島との県境にある匹見《ひきみ》町では法事や祭り、正月などに客人にふるまったり、寒い冬の夕飯にしたそうです。清流、匹見川が流れる谷間では、昔から渓流を利用してわさびが育てられました。匹見のわさびは辛味、甘味、粘りが強く、かつては「東の静岡、西の島根」といわれるほど生産量が多かったそうです。山口県に近い城下町、津和野でもうずめめしは親しまれており、特産のわさびをのせます。うずめめしにはおいしいわさびが必須だったといえます。

わさびは風味が消えないように、すりたてを使います。わさび、ご飯、具をかき混ぜながら食べると、だし汁の味わいとわさびのさわやかな香りや辛味が口の中に広がり、熱い煮汁とわさびの辛味で体が温まります。

協力＝宮本美保子、服部やよ生、玉田みどり、金高梅子　著作委員＝藤江未沙、石田千津恵

＜材料＞ 4人分

ご飯…2合分
里芋…8個
ごぼう…1/2本（100g）
にんじん…1/3本（60g）
厚揚げ…1枚
鶏肉…50g
椎茸…4枚
だし汁（昆布とかつお節）…3カップ
みりん…大さじ1
うす口醤油…大さじ1と1/2
かたくり粉…大さじ1
わさび…適量

＜つくり方＞

1 皮をむいた里芋、厚揚げ、鶏肉、椎茸を1cm角に切り、ごぼう、にんじんはささがきにする。
2 鍋に1の材料とだし汁を入れて煮る。
3 里芋がやわらかくなったらみりん、醤油で調味し、同量の水で溶いたかたくり粉を回し入れ、一度煮立て、とろみがついたら火を止める。
4 器の底にご飯を軽く敷き、3の具を入れ、その上に具が見えないようにご飯を盛る（写真①、②、③）。
5 3の煮汁をかけ、すりおろしたわさびをたっぷりと添える。

撮影／高木あつ子

〈広島県〉

うずみ

福山市の北東部にある神辺《かんなべ》町では、収穫を祝う秋祭りの前夜にうずみを食べる習慣がありました。江戸時代に庶民がごちそうをご飯で隠して食べたのが由来とも伝えられ、中には地元でとれた松茸をはじめ、えび、鶏肉、里芋など秋の実りが10種類近く入っています。

地元の人に話を聞くと、祭りが近づくとかごを背負って親と山に松茸をとりに行ったそうです。子どもの頃は秋祭りがいちばんの楽しみで、なかでもうずみを食べられるのが嬉しく、中のごちそうを掘り出して食べていたとのことです。ご飯の下にうずめる具の量を調整できるので、突然の来客にも重宝されました。

うずみは、漬物を添えて出します。一見、白いご飯と漬物だけという質素な食事が、中から松茸の香りが広がり、えびや鶏肉などが現れるので、初めてうずみを食べる人はとても驚きます。1990年からは福山市の学校給食にとり入れられ、子どもたちにもなじみのある郷土料理になっています。

協力＝岡田幾香、窪木千景、福山市食生活改善推進員協議会　著作委員＝木村安美

撮影／高木あつ子

<材料> 4人分

ご飯…茶碗4杯分
里芋…4個
にんじん…40g
鶏肉…80g
ジャコエビ*…60g
松茸…1本
豆腐…1/4丁
ぎんなん…8個
春菊…適量
だし汁…3カップ
醤油…大さじ1と1/2
*小エビの総称。

①

<つくり方>

1 里芋は皮をむいて食べやすい大きさに切り、にんじんは花形に抜く。
2 鶏肉、松茸、豆腐も食べやすい大きさに切る。
3 ジャコエビは頭をとる。ぎんなんは殻をとり、下ゆでをして薄皮をむく。
4 1〜3の具を煮えにくい順にだし汁に入れて煮る。
5 野菜がやわらかくなったら、吸い物より少し濃いめに醤油で味をつけ、2cm程度に切った春菊を加える。
6 5を汁ごと器に盛り、器の蓋にご飯を形を整えて入れる（写真①）。ご飯ごと蓋をして、ご飯で具が見えないようにする。

◎ご飯と具は混ぜずに、箸で一緒にすくって食べる。

〈山口県〉

あおさの醤油かけご飯

撮影／高木あつ子

<材料> 1人分

あおさ（青のり）…適量
醤油…適量
ご飯…適量

あおさ（青のり）。袋入りで売られている

<つくり方>

1 あおさを電子レンジでパリパリになるまで乾かす。ラップをかけずに5gで500W3分間が目安。
2 手でもんで細かくほぐす。
3 食べる量を小皿に入れて、醤油を少量かける。
4 ご飯にのせる。

パリパリに乾かしたあおさ（青のり）を手でもんで細かくしたら、少量を小皿にとって醤油をたらします。手早く混ぜて熱々のご飯にのせると、さわやかな磯の香りがふんわりと立ち上がり、これだけでご飯がいくらでも食べられます。とくに、新物のあおさが出たときに食べると最高です。

日本海と瀬戸内海に囲まれた山口では、わかめやひじきなど海藻をさかんに利用しています。中でも、汽水域でとれる青のりはあおさとも呼ばれ、豊かな香りを楽しむことができ、好まれています。日本海に面した北浦海岸はあおさの産地で、春になると収穫したあおさを干している風景がよく見られました。

あおさを食べるときは、かつては火鉢などに広告紙をかざし、その上にあおさをのせてじっくりとあぶっていました。今は電子レンジで簡単に乾かすことができます。細かくほぐしたら密閉容器に入れて冷蔵庫に保管しておき、料理にふりかけたり、磯辺揚げに使ったりもします。

協力＝藤井陽子
著作委員＝五島淑子、櫻井菜穂子

豚丼
〈北海道〉

豚肉に甘辛の醤油だれをからめてご飯にのせた豚丼は、昭和初期、新しいメニューを考えていた帯広市の洋食調理人が、うなぎのかば焼きをイメージして完成させました。開拓時代、帯広では寒さに強くて残飯でもなんでも食べる豚が自家用に飼育されており、「牛は牛乳、馬は馬力、豚は食料」といわれたものでした。

春から育てた豚はたいてい正月前につぶし、新年のごちそうにしたり換金したりしました。当時、餌をやったり世話をするのは子どもの役目で、豚を売ったお金でオーバーコートを買ってもらったりしたそうです。

豚肉はかたまりのまま冷たい雪の中に埋めて保存しました。放し飼いの豚の肉は焼くとぷんぷんと香ばしく、噛めばジューシー、脂と肉のしまり具合がちょうどよくて、とてもおいしかったそうです。帯広でも肉はごちそうで、正月やお祝いなどで豚をつぶしたときは近所に豚肉をおすそわけする光景があちらこちらで見られました。

協力＝村田ナホ、浦木明子
著作委員＝菊地和美、村上知子

撮影／高木あつ子

＜材料＞ 4人分

ご飯…どんぶり4杯分（800g）
豚ロース肉（かたまり肉）…400g
小麦粉…少々
油…大さじ1と1/2
たれ
- 醤油…大さじ6
- みりん、酒、砂糖、水…各大さじ3

枝豆（ゆでてさやから出す）…大さじ2
好みで長ねぎ…1/2本

＜つくり方＞

1 肉は少し厚めに5〜7㎜の厚さに切り、筋を切り、両面に軽く小麦粉をふる。
2 フライパンに油を熱し、1の肉を両面焼きつける。
3 肉をいったんとり出し、余分な脂をペーパータオルでふいてきれいにする。ここにたれの材料を入れ、とろみがつくまで煮つめる。
4 肉をフライパンに戻し、たれをからめる（写真①）。
5 ご飯を盛り、肉をのせて上に枝豆を少々散らす。好みで最後に白髪ねぎ（長ねぎ）をのせる。

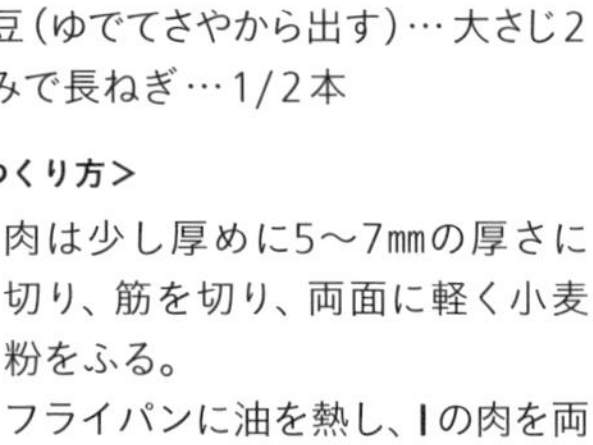

〈兵庫県〉

かつめし

東播磨地方の中心部に位置する加古川市で、かつめしは誰もが認める地元の味です。皿に盛ったご飯の上に、切ったカツをのせデミグラスソース風のたれをかけ、カレー粉で風味をつけてボイルしたキャベツを添え、箸で食べます。カツは厚切りの牛カツが基本ですが、豚カツでもつくります。ここで紹介するレシピは牛の薄切り肉やこま切れ肉を重ねて揚げたものです。

始まりは戦後で、箸で気軽に食べられる洋食として洋食店で考案されました。まだまだ外食は贅沢だったので、家庭でつくるようになり、主婦の知恵で薄切り肉やこま切れ肉でつくるカツが生まれたようです。それが現在ではミルフィーユカツと呼ばれやわらかく食べやすいと好評です。たれも本格的なデミグラスソースは手間がかかりますが、家庭にある調味料でできるように工夫されています。また、当初から地元の肉屋やパン屋でかつめしのたれが販売されており、カツとたれを買って自宅でつくるかつめしが手軽なごちそうでした。

協力＝細目早苗　著作委員＝富永しのぶ

撮影／高木あつ子

＜材料＞ 4人分

【飯】

ご飯…600〜800g

【カツ】

牛肉(スライス・こま切れ)…400g

衣

- 小麦粉…大さじ3
- かたくり粉…大さじ1と1/2
- 酢…大さじ1/2
- 水…大さじ2〜3

パン粉…40〜50g（適量）

揚げ油…適量

【つけ合わせ】

キャベツ…200〜300g

カレー粉…小さじ1

塩…少々

熱湯…2カップ

【かつめしのたれ】

バター…25g

小麦粉…25g

スープ…2.5カップ(コンソメ1個を目安)

おろし玉ねぎ…50g

トマトケチャップ…大さじ4と1/2

ウスターソース…大さじ3

＜つくり方＞

1 キャベツは2cm角ほどのざく切りにし、カレー粉と塩を加えた熱湯でさっとゆで、ザルにあげて水けをきる。

2 たれをつくる。フライパンにバターを溶かし、小麦粉を加え弱火で焦がさないようにきつね色に炒める。粗熱をとってからスープを少しずつ加えのばし、すりおろした玉ねぎ、ケチャップ、ウスターソースを入れてとろみがつくまで煮つめる。味をみて塩、こしょう(各分量外)で味を調える。

3 牛肉のスライスやこま切れは1枚ずつ広げて重ねてカツの形にする(写真①)。4枚つくる。

4 小麦粉、かたくり粉、酢、水を混ぜ衣をつくる。**4**のカツに衣をつけ、その後パン粉をつける。

5 170℃の油で**5**のカツをきつね色にからっと揚げる。

6 皿にご飯を盛り、食べやすい大きさに切った**6**の牛カツをのせ、**2**のキャベツを添える。**3**のたれをたっぷりかける。好みでからしを添える。

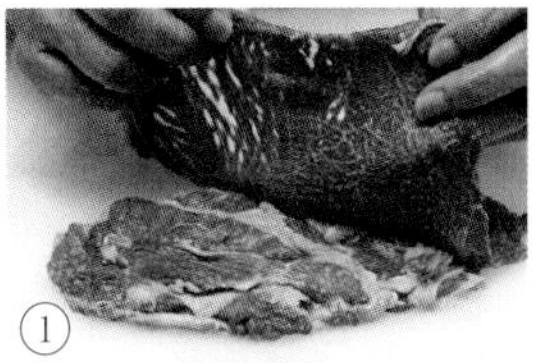

①

〈鹿児島県〉

鶏《けい》飯《はん》

いろいろな具をのせたご飯に鶏スープをかけて食べる鶏飯は、奄美の代表的な郷土料理のひとつです。自分で好きなように具をのせるので楽しく、人数が増えても対応できること、誰にでも好まれる味であること、暑くて食欲がない夏でもさらさらと食べられることなどから、とくに夏、島外から来客があったり大勢の人が集まったりするときにつくられてきました。おいしさの決め手であるスープは鶏ガラではなく、丸鶏をじっくり煮てスープをとります。奄美では風邪をひいたときにも鶏のスープを飲む習慣があり、滋養があり体が元気になります。

鶏飯は中国から琉球王朝へ、そして16世紀初めに奄美大島北部へと伝わったと考えられ、江戸時代には薩摩藩の役人のもてなし料理とされてきました。西郷隆盛が鹿児島に学びに訪れた旧庄内藩主・酒井家の人たちにふるまったことから、山形県の酒井家にも鶏飯が伝わっています。

協力＝岩城キネ、前田幸代、久留とし子
著作委員＝久留ひろみ

＜材料＞ 4〜5人分

米…3カップ
丸鶏…1羽（約1.5kg）
昆布…20cm長さ2枚
スープの調味料
- 塩…小さじ2
- うす口醤油…大さじ1
- 濃口醤油…少々

干し椎茸…8枚
- 濃口醤油…小さじ2
- みりん…小さじ2

卵…4個
塩…適量
パパイヤの漬物…50g
小ねぎ…5本
刻みのり…5g
タンカン（みかん）*の皮…10g
しょうが、または紅しょうが…少々
*レモンの皮でもよい。

パパイヤの漬物。熟していない青パパイヤを下漬け後、味噌や醤油に漬ける。なければ奈良漬けでよい

＜つくり方＞

1 米は洗い、少しかために炊く。
2 丸鶏は4つ割りにして水で2〜3回、脂をとり除ききれいに洗う。
3 大鍋にたっぷりの水と2の鶏、昆布を入れて火にかける。沸騰したら昆布をとり出し、アクを丁寧にとり、中火で約1時間半煮出す。
4 火を止めて、網じゃくしですくって鶏をとり出す。
5 とり出した鶏は身を骨からはずし、細かく裂く。熱いうちの方が裂きやすい。残った骨はもう一度、鍋に入れて30分中火で煮出し、ザルでこす。
6 干し椎茸は水に戻す。
7 5のスープに椎茸の戻し汁を少し加える。入れすぎると椎茸の味が強くなるので注意する。塩とうす口醤油で味をつける。最後に香りづけに濃口醤油を加える。
8 戻した椎茸をせん切りにして、残った戻し汁と醤油、みりんで煮る。
9 卵は1個ずつ塩少々を入れて薄焼き卵を焼き、細く切って錦糸卵をつくる。
10 パパイヤの漬物はせん切りかみじん切り、ねぎは小口切りにする。みかんの皮もせん切りかみじん切り、しょうがはせん切りにする。
11 皿に、材料のすべて、裂いた鶏肉、椎茸、錦糸卵、パパイヤの漬物、ねぎ、みかんの皮、しょうが、のりを彩りよく盛りつける。
12 ご飯の上に好きなように11の具をのせ、7の熱いスープをかける。

撮影／長野陽一

〈北海道〉

ほっきカレー

かつて炭鉱の町として大変栄えた夕張市は、内陸部ではありますが苫小牧《とまこまい》から運ばれた魚介類が魚屋に並び、行商も売りに来るので、日常的に新鮮な魚が入手できました。おいしい食べものは働く原動力になります。炭鉱で働く人たちは収入もよかったので、食材にかける金額は多く、ほっき貝は刺身や酢の物、バター炒め、焼いて醤油をかけたりして食べました。

夕張では豚肉でつくることが多かったカレーライスに、肉の代わりにほっき貝を入れると珍しいごちそうになって子どもたちに喜ばれました。大きくて肉厚の身は食べごたえがあり、甘味とうま味が口の中に広がります。貝は加熱しすぎるとかたくなるので、さっと下ゆでしたものを最後に加え、煮こむ時間を少なくしました。

魚介類のカレーは道内の他の地域でもつくられました。稚内《わっかない》では水揚げ量の多い水だこや鮭などを、肉の代わりにカレーに入れたそうです。

協力＝堀籠みさ子
著作委員＝山口敦子

撮影／高木あつ子

＜材料＞ 4人分

ご飯…2合分
ホッキ貝…4個
にんじん…1本（120g）
じゃがいも…2個（200g）
玉ねぎ…1個（200g）
にんにく…少々
しょうが…2g
バター…大さじ2
小麦粉…大さじ4
カレー粉…大さじ2
ウスターソース…大さじ1
塩、こしょう…少々
┌鶏ガラ…1羽分
└水…4カップ

稚内のたこカレー

＜つくり方＞

1 鍋に水と鶏ガラを入れて火にかける。アクをとりながら弱火で約1時間煮て、布巾でこす（鶏ガラスープ）。
2 にんじんとじゃがいもは皮をむき、ひと口大に切り、やわらかくゆでる。
3 玉ねぎは薄切りにする。にんにくとしょうがはすりおろす。
4 鍋にバターを入れ、にんにくとしょうがを炒め、玉ねぎを入れてきつね色になるまで炒める。
5 4に小麦粉を加えて炒め、カレー粉を加えてさらに炒める。鶏ガラスープ500mℓを加え、2のにんじん、じゃがいもを入れ、全体を混ぜ合わせる。ウスターソースを加え、塩、こしょうで味を調える。
6 ホッキ貝は内臓を出してよく洗い、3つくらいに切り、お湯でさっとゆでてカレーに入れる。
7 器にご飯を盛り、カレーをかける。

〈群馬県〉

するめカレー

昭和40年代、肉は高価であったことと脂身が子どもに好かれないこともあり、県西北部ではカレーといえばするめでした。するめは結婚式の引き出物としてもらうことが多く、どこの家庭にもだいたい常備されていました。

するめを裂くのは子どもの役割です。小さく裂いて水で戻しておくとうま味たっぷりのだしが出るので、これを炒めた野菜と一緒に煮こみます。具はたいてい玉ねぎ、にんじん、じゃがいもで、夏場はなすやとうもろこし、枝豆が加わります。つけ合わせは福神漬けと、夏はさばの水煮をのせたきゅうりもみや、なすのぬか漬け、らっきょうの甘酢漬け、冬はたくあん漬けや白菜漬けなどでした。

親が蚕の世話で忙しいときは、昼ごはんとしてよくつくられました。農繁期には手伝いの人も来ていたので、まかないとして大きな鍋にたくさんつくります。するめのだしが溶けこんだカレーは格別のおいしさで、皆で競っておかわりをしたそうです。

協力＝富永光江、星野マサ江、田中妙子
著作委員＝阿部雅子

撮影／高木あつ子

＜材料＞ 4人分

- ご飯…米2カップ分
- ┌ スルメ…1枚
- └ 水…3.5カップ
- 玉ねぎ…2個
- にんじん…1本
- じゃがいも…2個
- 油…大さじ1
- ルー
  - ┌ 油…大さじ4
  - │ 小麦粉…大さじ4
  - └ カレー粉…大さじ2
- 塩…小さじ1/2
- 砂糖…小さじ1
- 醤油…大さじ1
- 中濃ソース…大さじ1

＜つくり方＞

1 スルメは細く切って分量の水に浸す（写真①）。足もすべて使う。
2 玉ねぎ、にんじん、じゃがいもは好みの大きさに切る。
3 鍋に油を熱し、玉ねぎを透き通るまで炒め、にんじんを加えてさらに炒める。
4 1のスルメを水ごと加え、じゃがいもを加えて野菜がやわらかくなるまで煮る。
5 フライパンに油を熱し、小麦粉を加えて炒める。茶色になったら火を止め、カレー粉を加えて余熱で炒める。
6 玉じゃくしで4のスープをフライパンに少量ずつ加え、ルーを溶かしながら鍋に移す。
7 とろみがつくまで煮て、塩、砂糖、醤油、中濃ソースで味を調える。
8 皿にご飯を盛り、カレーをかける。

〈神奈川県〉

さばカレー

横浜市内でも農業がさかんな泉区で忙しいときに日常的につくられたのが、家で収穫した野菜と常備しているさばやいわしの缶詰を使ったカレーです。当時、肉は貴重品だったので滅多に口にすることはなく、さばカレーが一般的でした。

家にある食材ですぐにできるので夏にはよくつくり、近所からカレーのにおいが漂ってくると、翌日には自分の家でも食卓に上りました。小麦粉とカレー粉でつくるルーの調節が難しく、ゆるいときはじゃがいもをすり入れてとろみをつけ、カレーの色も家庭によって特色があったそうです。旬の野菜がたっぷり入ったカレーは、今のスパイシーなカレーとは違ってやさしい味わい深い一皿でした。ご飯は一度にたくさん炊き、夏場は傷まないようにザルに入れ、井戸につるして保存しました。

普段は煮物やお浸しといった野菜中心の食事だったので、カレーは楽しみで、食べると元気になりました。魚が苦手な子どもでもさばカレーは残さず食べるそうです。

協力＝小山マサ子、小島千恵、小嶋正子
著作委員＝大迫早苗、酒井裕子

撮影／五十嵐公

＜材料＞ 4人分

ご飯…適量
サバの水煮（缶詰）…1缶（190g）
玉ねぎ…1個（200g）
じゃがいも…1個（200g）
にんじん…1本（150g）
油…大さじ2
水…4カップ
油、小麦粉、カレー粉…各大さじ2
塩、こしょう…適量

＜つくり方＞

1 玉ねぎは縦半分にして薄切り、じゃがいも、にんじんは食べやすい大きさの乱切りにする。
2 鍋に油、玉ねぎを入れ、玉ねぎが透き通るぐらいになったらじゃがいも、にんじんを加えてさらによく炒める。
3 全体に油が回ったところで水、サバ缶の中身と汁を加え、材料がやわらかくなるまで煮こむ。途中でアクをとる。
4 フライパンに油と小麦粉を入れ、焦がさないように薄茶色からきつね色になるまで炒める。カレー粉を加えて軽く炒めたら火を止める。
5 **4**のカレールーに**3**の煮汁を少量ずつ数回に分けて加え、均一にのばしてから**3**に移す。
6 ルーをよく溶かし混ぜてから再び加熱し、ひと煮立ちさせ、塩、こしょうで味を調える。
7 皿にご飯をよそい、カレーを盛る。

◎カレー粉を炒めすぎると苦味がでて味が落ちるので注意する。

〈京都府〉
さば缶のカレーライス

撮影／高木あつ子

<材料> 4人分

ご飯…2.5〜3合分
サバ缶（水煮）*…1缶（190g）
じゃがいも…2個（200g）
玉ねぎ…中1個（200g）
にんじん…1/2本（100g）
水…3カップ
ウスターソース…大さじ1
トマトケチャップ…大さじ1
醤油…小さじ1
油…適量
カレールー…4皿分
グリーンピース（冷凍など）…適量

*醤油や味噌の味つきでもよい。その場合は汁も入れてもよい。

<つくり方>

1 サバの身は汁けをきって粗くほぐす。じゃがいもは皮をむき4等分に切る。玉ねぎは薄切りにする。にんじんはひと口大の乱切りにする。
2 鍋に油を熱し、じゃがいも、玉ねぎ、にんじんを入れて炒め，水、調味料を加えて10分煮る。
3 弱火にして**1**のサバを加え，ひと煮立ちさせる。火を止めてルーを加えて溶かし、10〜20分とろみがつくまで煮る。
4 器にご飯をよそい、**3**のカレーをかけ、彩りにグリーンピースを散らす。

日本海に面する府北部では、さば、あじ、いわし、かれいなどの魚介類が豊富に水揚げされ、中でもさばは早くから缶詰での利用が進みました。丹後地方の名物「ばらずし」も、さば缶でつくった味の濃いそぼろをたっぷり使うのが特徴です。さば缶はカレーライスの具にも好んで使われました。魚肉ソーセージのカレーとともに子どもたちの好物で、鍋いっぱいにたっぷりつくり、次の日もないと不満の声があがったといいます。

北部の主要都市、舞鶴で肉をよく食べるようになったのは昭和30年代後半から40年代であり、30年代前半はさば缶カレーが定番だったといいます。当初は小麦粉とカレー粉を炒めてルーをつくりましたが、やがて市販のルーが普及して使われるようになったそうです。

府南部では肉のかわりに「お揚げさん」を入れたカレーライスの思い出も語られます。肉が日常食になる前から、カレーライスが思い出深いごちそうであったことがうかがわれます。

協力＝佐織一枝、原秀子、水口澄子、大谷美恵子　著作委員＝湯川夏子、桐村ます美

本書で登場するお茶

お茶を使ったご飯ものというとちょっと不思議ですが
本書を見てみると、お茶漬けや茶がゆなど意外とあります。
チャや植物の実をほうじたもの、発酵させたものなど、
地域ごと、多様なお茶が使われています。

撮影／五十嵐公

碁石茶《ごいしちゃ》

原料はチャの葉で、蒸した茶葉をカビづけし、嫌気性（乳酸）発酵させた後発酵茶。高知県大豊町でつくられているが、茶がゆにして食べるのは香川県の塩飽（しわく）諸島。江戸時代から流通しており、昔から商品化が進んでいた。酸味が特徴。

→p49 茶がゆ

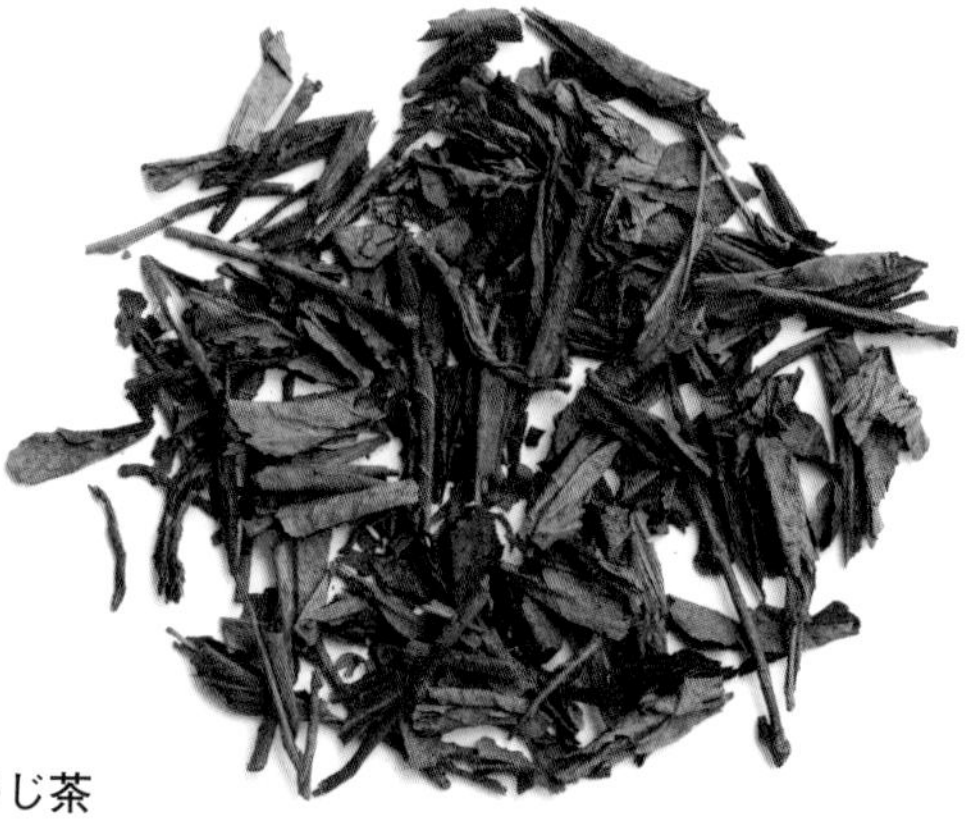

ほうじ茶

原料はチャの葉。番茶や煎茶を強火で炒った香ばしい茶。昔は各家の庭のチャやヤマチャでつくっていたが、今は市販の品を使うことが多い。写真は奈良県のもの。三重県、和歌山県でもほうじ茶を使って茶がゆにする。

→p44 おかいさん、p46 茶がゆ、p47 茶がゆ

豆茶《まめちゃ》

写真はマメ科のエビスグサの種子。乾燥させて炒ったものを煮出すと、独特の香ばしい風味がある。同じマメ科で別種のハブソウの種子を使うこともあり、どちらもハブ茶とも呼ばれ、生薬・民間薬としても使われる。

→p48 茶がゆ

阿波晩茶《あわばんちゃ》

原料はチャの葉。ゆでた茶葉を嫌気性（乳酸）発酵させた後発酵茶。徳島県那賀町、上勝町でつくられている。熱湯で煮出したお茶は薄い黄緑色でほのかな酸味がある。基本はお茶として飲むが、お茶漬けにも使われる。

→p18 かつおの茶ずまし

かゆ・雑炊

西日本を中心に親しまれてきた茶がゆは、香りのよいお茶でさらりと煮たもので、熱くても冷たくてもおいしいものです。少量の米でも満足でき、消化のよい雑炊は全国でつくられ、かぼちゃやもずくを入れた日常食や、鶏や鮎、かにを入れたごちそうになりました。

〈和歌山県〉

おかいさん

おかいさん（茶がゆ）は、和歌山を代表する食文化の一つです。面積の8割以上が山地で水田が狭く、米が不足がちだったため、県下ほぼ全域でわずかな米でつくるおかいさんが日常の食として受け継がれてきました。

「米1合に水1升」といわれるように、水の割合が多いのが特徴で、朝、昼、晩、やつ（間食）と1日4～5回食べるところもありました。炊いているときの茶のよい香りがなんとも懐かしさを感じさせます。

昭和30年代、朝ごはんはおかいさんに金山寺味噌、漬物、梅干しなどで、さつまいも、うすいえんどうやそら豆、小豆などを入れて炊くこともありました。冷めてもおいしく、夏は冷たくして食べました。

紀南では、おかいさんは「かき混ぜない、蓋をしない、弱火にしないで強火でがんがん炊いていく」がコツだと教わりました。好みもありますが、米を洗わないで入れるのは「米に花を咲かせない」で、さらりとした仕上がりにするためとのことでした。

協力＝津軽貞子　著作委員＝千賀靖子

<材料>2～3人分

米…1合（150g）
水…2ℓ
番茶またはほうじ茶*…18g
*粉茶の場合は大さじ2。

茶袋（ちゃんぶくろ）

手づくりの「日干し番茶」。5月末ごろ自家摘みした茶を釜炒りしてからもんで、日に干してつくる。缶に保存しておき、使う前に1週間分くらいずつもう一度焙烙（ほうろく）で炒って香ばしく仕上げる

茶袋。ガーゼで手づくり

<つくり方>

1 茶葉を茶袋に入れ、ひもを巻きつけて口を閉じる。煮出すと茶葉が開いてかさが増すので、ひもはゆったりと巻きつける（写真①、②、③）。
2 大きい鍋に水を煮立て、茶袋を入れて煮出す（写真④）。
3 茶の色がほどよく出たら米は洗わずそのまま入れ（写真⑤）、しゃもじで米をすくいあげるようにしてほぐす。蓋はしないで強火で炊く（写真⑥）。
4 茶袋は途中（約15分後）でとり出す。粘りけが出るので、かき混ぜるのは時折、鍋の底に米がひっついていないか確認する程度にとどめ、25～30分煮て米粒がふっくらして芯がなくなったら火から下ろす。

◎米を洗う場合は1回だけにする。
◎茶は市販品や自家製の番茶やほうじ茶のほか、ハブ茶（エビスグサの種、ケツメイシの茶）を用いるところもある。

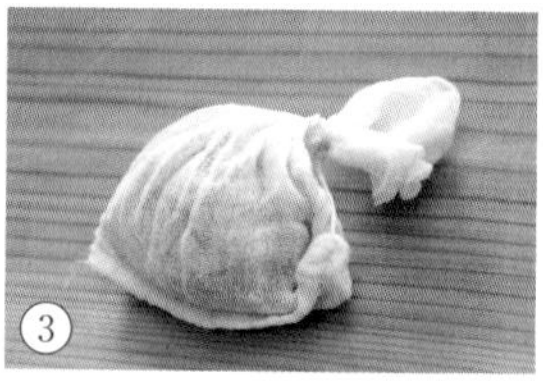

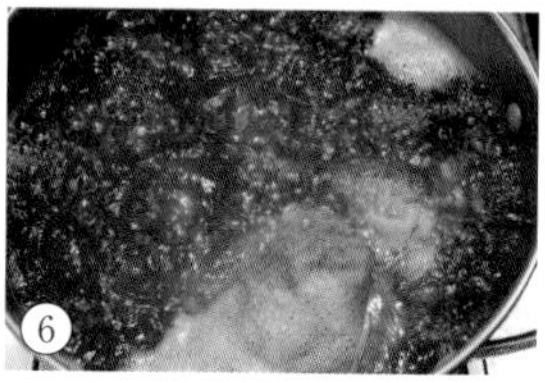

撮影／高木あつ子

〈三重県〉
茶がゆ

三重県から和歌山県、奈良県の山間部の、米の収穫量の少ない地域で考えられた料理です。茶がゆは水分が多いため、米が少なくても満腹感があり、大人数で食べられます。米と水、茶葉だけで手軽にでき、口当たりも消化吸収もよく、食欲のないときに最適です。

県内では、調査した松阪市以外に、熊野市紀和町、紀宝町、津市美杉町、大紀町大内山、伊賀市などで食べる習慣が残っています。それらの地域は茶葉の生産地だったり、自宅周辺に茶樹が植えてあったりします。

暑い夏によくつくられ、冷やすことが多く、自家製の漬物とともにいただきます。松阪市飯南町は茶の生産地で身近にお茶があるため、なかには夏に限らず、日常的に食べている家庭もあります。かゆにさつまいもを入れたいもがゆも好まれ、夏以外は冷やさずに温かいものを食べます。茶葉は緑茶ではなく、いわゆる番茶で、釜炒り茶、ほうじ茶がよく使われています。

協力＝田上明子
著作委員＝久保さつき

撮影／長野陽一

＜材料＞ 4人分

米…1合
水…1.5ℓ
ほうじ茶の茶葉…大さじ2（約13g）
塩…少々

＜つくり方＞

1 米はさっと洗い、ザルにあげて水をきる。
2 鍋に水を入れて沸騰させる。
3 2に茶葉（お茶パックに入れたもの）を入れてそのまま沸騰させ、ほうじ茶をつくる。
4 1の米を入れ、蓋をせずに強火にかける。20分くらいで炊き上がる。加熱中は、焦げないようにときどきかき混ぜるとともに、アクを丁寧にとり除く。
5 好みで塩を加える。

甘く煮たさつまいもを入れたいもがゆ

〈奈良県〉
茶がゆ

「大和の朝は茶がゆで始まる」といわれ、県全域で毎日食べられている主食で、東大寺のお水取りの際に修行僧がいただく寺院の行事食でもあります。茶の風味と塩味が合い、昔から「さらっとしている」と表現されるように粘りがないのが特徴です。さらっと仕上げるために、米が割れない洗い方、火加減など、各家庭で工夫がみられます。

できたては熱々でおいしいのですが、熱すぎるときは少量の冷やご飯にかけると食べやすくなります。冷めてものどごしがよく、とくに暑い夏には重宝します。四季折々の漬物ともよく合い、残り物のおかずを添えれば簡単な食事になります。お話をうかがった下市《しもいち》町《まち》の家では、自家製味噌に季節のにんにく、ねぎ、山椒、高菜、ゆずなどを入れた練り味噌や梅干しなどを添えて食べたそうです。残った茶がゆは冷たいまま、3時のお茶（休憩の間食）になりました。当時は段々畑の土手に茶の木が植えてあり、家庭で使うお茶はすべて自家製でした。

協力＝中森芳子、中森亜由美
著作委員＝志垣瞳、島村知歩

撮影／五十嵐公

＜材料＞ 10〜13人分

米…2合
水…3ℓ
ほうじ茶の茶葉…大さじ3〜4
好みで塩…少々

茶袋*

*ちゃんぶくろ(茶の袋) と呼ばれ、どの家でもさらしの布で手づくりした。

＜つくり方＞

1 米は1回さっと洗っておく。
2 ほうじ茶を茶袋に入れて袋の口をしめる。
3 鍋に水、2の茶袋を入れて（写真①）強火で炊く。沸騰して茶の色と香りが出たら茶袋をとり出す。
4 強火のままの3に1の米を入れ、沸騰したら吹きこぼれない程度にやや火を弱めて15〜20分炊く。途中で2〜3回、玉じゃくしでかゆをそっと上下に混ぜ返し（写真②）、鍋底にくっつかないように気をつける。ほどよい煮え具合になったら、火を止めて鍋を火からおろす。
5 4に塩を少々入れて軽く混ぜておく。

◎おかきや切り子(あられ状のおかき)、はったい粉、さつまいも、小麦だんごなどの具を入れると、その味と合わせて楽しめ、腹持ちもよくなる。

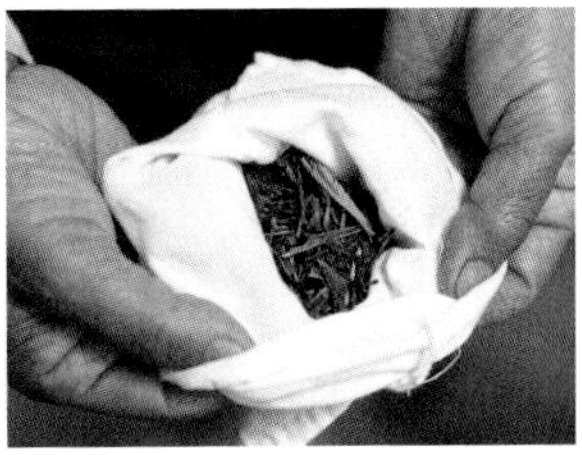

茶袋に入れたほうじ茶の茶葉

〈山口県〉
茶がゆ

瀬戸内海に浮かぶ周防大島《すおうおおしま》は水田が少なく、茶がゆは米を節約するためにかつて日常的に食べられていました。晒《さら》しで作った巾着（茶袋）に、自家栽培の豆茶を入れて、茶がゆ専用のカンスと呼ばれる鉄製の茶釜でつくられていました。豆茶だけでなく、ほうじ茶などを混ぜて使うこともあります。煮出した茶で炊くことで、サラッとしたものに仕上がります。

季節によって、さつまいもやそら豆、ときには小麦粉のだんごやさつまいも粉のだんご（かんころだんご）などを入れます。かさも増えるし味や食感、彩りも楽しめます。必ず添えられる漬物の塩味と茶がゆとのとり合わせは絶妙です。

冷やご飯の上に熱い茶がゆをかけて食べることもあります。夏には粗熱がとれた茶がゆを冷蔵庫に入れて、冷やして食べると食がすすみます。

島を離れた人々にとっても、懐かしい食べもののひとつです。県内では、この地域以外でも茶がゆは食べられています。

協力＝兼田貞子、木村光子
著作委員＝山本由美

撮影／高木あつ子

＜材料＞4人分

米…1カップ
さつまいも…中1本（200g）
水…9〜10カップ
豆茶（ハブ茶*）**…大さじ4〜5

*エビスグサの種子（ケツメイシ）、ハブソウの種子をいう。

**ほうじ茶、番茶を使用する場合もある。

茶袋（自家製のひもつき木綿袋または市販のお茶パック）

豆茶（ケツメイシ）。周防大島では自家栽培が多かったが最近は購入している（撮影／五十嵐公）

＜つくり方＞

1 茶袋に豆茶を入れ、鍋に水、茶袋を入れて火にかけ、濃いめにお茶を煮出す。
2 さつまいもは適当な大きさに切る。
3 1の鍋に米、さつまいもを入れ強火にかけ、沸騰したら蓋をずらして火を弱めて20〜30分炊いてできあがり。

撮影／高木あつ子

＜材料＞ 4人分

米…1合（150g）
水…2.4ℓ
碁石茶*…6g
さつまいも…中2本（400g）
*ない場合はほうじ茶でもよい。

碁石茶。名前の由来は、昔は茶葉をだんご状に丸め、むしろに並べたが、その様子が碁盤に碁石を並べたように見えたからといわれる。今は茶切り包丁で5cm角に切り落とす

＜つくり方＞

1 碁石茶をさらしの布袋に入れる。
2 鍋に水を入れて沸かし、その中に1を入れて、弱火で10分ほど蓋をして煮出す。
3 2にさっと洗った米とひと口大に切ったさつまいもを入れ、弱火で10分ほど煮る。米に火が通ったら火を止める。ただし、米はやわらかくなり過ぎないようにする。
4 大きめの碗に入れて食べる。

◎茶がゆはさらっとしたものがおいしく、白がゆのようにべたべたしたものは好まれない。

茶がゆ〈香川県〉

瀬戸内海の塩飽《しわく》諸島では碁石《ごいし》茶を使った茶がゆが、季節を問わず食べられていました。碁石茶は2段階発酵をさせた後発酵茶《こうはっこうちゃ》で酸味が特徴です。高知県・四国山地の大豊町《おおとよちょう》で数軒の農家が生産しています。碁石茶は交易品として、香川県から運ばれてきた塩や反物、米などと交換されたそうです。昔は島の井戸水に海水が混じっており、その塩を含んだ水と碁石茶が相性がよくおいしいため、茶がゆに使われました。

石切りの島として有名な広島には、１００年以上前、同じ塩飽諸島の佐柳島《さなぎしま》出身者から伝わったとされます。島では米がとれなかったため、さつまいもや炒ったそら豆で増量させて、茶がゆをつくりました。碁石茶以外にも、ハブ茶、ほうじ茶を使うこともあります。

茶がゆは、家庭や切った石を運ぶ船上でも、ひしょう（もろみのような麦味噌）や漬物をつけた焼き魚を添えて食べたそうです。今はつくる家が減り、広島では食べている家は１、２軒になっています。

協力＝天野岩子、三野道子、平井光子
著作委員＝加藤みゆき、次田一代

〈広島県〉

焼き米

焼き米は未熟米を釜で炒ったものです。お湯を注いでやわらかくして食べるもので、炒ってあるので香ばしく、やや歯ごたえがあり、噛めば噛むほど米のうま味や甘味が感じられます。田んぼの水口《みなくち》（水の入り口）は水が冷たく、生育が遅れて青い稲になります。県北部にある三次《みよし》市三和《みわ》地区では「とれる米すべてを大切にしたい」と昔から、実が十分に入らない平たい米を焼き米にしました。以前はまごめ（うるち米）でしたが、まごめの焼き米はかたいので、焼き米を郷土食として残そうと運動が起こった際に、やわらかく仕上がるもち米を青いうちに刈ってつくるようになりました。

食べるときは蒸らした焼き米に塩を加え、漬物や佃煮を添えます。さじは、栗の殻に竹ぐしを刺して使うこともありました。鍋で煮るとかゆ状になり、香ばしさも加わってお年寄りは白米かゆよりも箸が進みます。おはぎや、ひな祭りのほとぎ（おいり）にしてもおいしいです。

協力＝福場和子、森田葉末、下光小夜子
著作委員＝岡本洋子

撮影／高木あつ子

＜材料＞ 1人分

焼き米…50g
熱湯…80〜100mℓ
塩…少々（小さじ1/8）

焼き米はでんぷんが糊化（アルファ化）しているので、熱湯を注ぐだけで食べられる。保存もきき、非常食としても利用できる

＜つくり方＞

1 ご飯茶碗などの器に、半分くらい焼き米を入れ、器の八分目まで熱湯を注ぐ。
2 器に蓋をして5〜10分蒸らす。
3 塩を入れて食べる。

焼き米でつくるほとぎ（おいり）。炒った焼き米とひなあられを蜜でからめ、手で丸める。蜜は水あめ、砂糖、しょうが汁、醤油を煮つめてつくる

撮影／高木あつ子

＜材料＞4人分

小豆…20g
米…100g
水…600mℓ
小豆のゆで汁…300mℓ
上新粉…100g
湯…80mℓ
塩…小さじ1/2

＜つくり方＞

1 小豆を洗い、鍋に水（分量外）とともに入れる。沸騰したらゆで水を捨てる（渋切り）。再び約500mℓ（分量外）の水を入れて火にかけ、沸騰したら弱火にして小豆がやわらかくなるまで40〜50分加熱する。
2 ゆで汁と小豆を分け、ゆで汁300mℓはとっておく。
3 米は洗って、分量の水に30分程度浸す。
4 上新粉に湯を少しずつ加えながらよくこねる（よくこねた方がだんごがやわらかくなる）。12個に分けて丸める。沸騰した湯にだんごを入れ、浮き上がってきたら冷水にとる。
5 鍋に2のゆで汁と3を入れ、沸騰したら弱火にし、ときどき混ぜながら40〜50分炊く。
6 4のだんごと2の小豆を入れ、5分ほど煮て、仕上げに塩を入れる。

大《だい》師《し》粥《っけ》

〈千葉県〉

県の西北端で利根川、江戸川という大きな川が流れる野田市近辺で食べられる、上新粉のだんご入りの小豆がゆです。「でえしっけ」とも呼ばれます。味つけは塩味ですが、めいめいで砂糖をかけて食べる家もあるとのことです。

昔、農家は12月の4がつく日はワセ（早生）、ナカ（中生）、オク（晩生）大師といい、夜なべ仕事は休んで夕飯にこの大師粥をつくって神棚、仏壇、荒神《こうじん》様などに供えた後、家族で食べました。4日、14日、24日それぞれの天候の具合によって、翌年の作柄のよしあしを占ったともいわれます。全国的に大師講やお大師様などと呼ばれる日があって、弘法大師などをまつり、小豆がゆやだんごを食べる日になっていますが。時期は11月から12月にかけてのことが多いようです。

だんごはその年に収穫されたうるち米のくず米を米屋に持って行って新粉にひいてもらってつくりました。草もち、桜もち、柏もち、月見だんごなどはこのようなくず米利用の新粉で家庭でつくるのが普通だったそうです。

著作委員＝今井悦子

〈千葉県〉

とりどせ

「とりどせ」とは鶏雑炊のことです。「とりぞせ」「とっどせ」ともいいます。県内各地でいろいろな鶏雑炊がつくられてきました。

房総半島の南端を占める南房総市の中で、旧富山《とみやま》町一帯は遠浅の海がもたらす豊かな魚介類に恵まれるいっぽう、「日本酪農発祥の地」といわれる地域で牛乳も身近な豊かな地域でした。どこの家でも鶏を放し飼いして卵をとっていました。トテッコ（ギシギシ）を摘んできて刻み、ぬかなどを混ぜて鶏にやるのは子どもの仕事です。鶏肉を食べるのは鶏が卵を産まなくなったときか正月やお祭り、集会などのときで、ごちそうでした。よくたたいた軟骨も入った肉だんごはコリコリとした食感がおいしく、捨てるところも少なくなります。

特別な材料は使わず誰でもつくれますが、なるとのピンクと三つ葉の緑、ねぎの白や黄緑などの鮮やかな彩りが華やかです。ご飯でなくうどんを入れることもありました。現在は県内の学校給食でも人気メニューになっています。

協力＝熱田恵子
著作委員＝渡邊智子、梶谷節子

撮影／高木あつ子

＜材料＞4人分

米…3カップ
- 鶏ひき肉…100〜200g
- 鶏軟骨…100〜200g
- しょうが…10g
- 味噌…大さじ2

ごぼう…150g
干し椎茸…4枚
椎茸の戻し汁＋水…4カップ
味噌…大さじ3
なると…1/2本（約80g）
三つ葉…1わ（約50g）
長ねぎ…3本

＜つくり方＞

1 米をかためにに炊く（水の量を通常の10％程度控える）。
2 鶏ひき肉、フードプロセッサーまたは出刃包丁で細かくした鶏軟骨、しょうがのみじん切り、味噌を混ぜ合わせ、好みの大きさのだんご状に丸める。
3 ごぼうをささがきにし、水に浸してアクを抜く。干し椎茸は水で戻してせん切りにする。
4 土鍋に椎茸の戻し汁と水を張り、ごぼうを入れ中火にかける。煮立ったら椎茸と**2**のだんごを入れ、中火で再沸騰させたら沸騰が静かに続く火加減で煮る。だんごに火が通ったら味噌を加えて調味する。
5 **4**にご飯を入れる。ひと煮立ちさせ、火を止める直前に、5mm程度の厚さに輪切りにしたなると、1cm程度に切った三つ葉、小口切りのねぎを加え、火を止める。器に盛る。

◎せん切りにしたゆずの皮を添えてもよい。

鮎雑炊

〈岐阜県〉

撮影／長野陽一

＜材料＞4人分

ご飯…360g（茶碗3杯程度）
アユだし（できあがり1.9ℓ）
- 昆布…5×3cm　2枚
- アユ…6尾
- 水…2ℓ

長ねぎ…20cm
塩…大さじ1

＜つくり方＞

1 アユは、内臓はとらず、そのままで素焼きする。
2 アユだしをとる。鍋に水と昆布を入れて、中火で火にかける。煮立ったら1のアユを加え、昆布がふっくらし、アユの脂がだしに出て、だしの色が少し茶色がかり、香ばしい香りが立つまで、弱火で煮立てる。
3 昆布とアユをとり出す。アユの身をほぐし、頭、骨、尾をとり除く。
4 鍋にほぐしたアユの身と内臓を戻し、ご飯を加え中火で煮る。
5 ねぎを斜め切りにし、4に加え、塩で味を調える。

長良川では1300年以上の歴史をもつとされる「鵜《う》飼《かい》」が現代まで継承されています。鵜匠が鵜を巧みに操り、鮎などの魚を捕らえる漁法で、鮎雑炊はその鵜匠の家々に伝わる家庭料理です。

鵜飼は5月から10月までの期間中は、特別な日を除いて1日も休むことなく行なわれます。そのため、鵜匠たちは体調を万全にして鵜飼を務めなければならず、健康管理には大変気を遣っています。鵜飼は毎晩21時頃に終わり、帰宅は22時頃になることもあります。それから食べる遅い夕食に、消化のよい雑炊が出されるのです。

また、鮎雑炊に使うのは傷ものの鮎で、売り物にならなくても最後まで大切に味わう料理です。素焼きした鮎を昆布だしで煮出すことで、鮎の風味と香ばしさを引き出しています。

県内には長良川や上流の河川流域で夏から秋にかけて落ち鮎をとる観光施設「やな場」があります。鮎づくしの料理のしめにはやはり鮎雑炊が親しまれています。

協力＝山下純司
著作委員＝辻美智子、西脇泰子

〈愛媛県〉

かに雑炊

だしは使わず、かにのゆで汁と身の濃厚な旨さを、淡泊な米にしみこませてかゆ状に煮た雑炊です。かにがとれる秋から冬の日常食でした。川がには、モクズガニ、ヒゲガニともいいます。小ぶりで甲羅の大きさのわりに脚が細いので身が少なく、調理がめんどうですが、手間に報いるおいしさです。

東予の四国中央市に流れ込む関川の水のきれいな中流域は川がにがよくとれていたそうで、かに雑炊は東予や南予で見られます。川がに漁は秋祭りの10月頃がピークで、つかまえたら11月から節分頃まで魚やかぼちゃを餌にして飼っておくと、重量が3割くらい増えます。11月からおいしくなり、一番おいしいのは節分の頃だといわれます。かには夜行性なので、昔は夜、ガスライトで照らしたところを、石をはぐって(はがして)見つけ、手づかみで捕まえました。昔は川でよくとれましたが、今は、川の護岸工事や農薬、下流の水質汚濁などにより、川がには減ってしまっています。

協力＝山中紀美子、佐津間幸子
著作委員＝宇高順子

＜材料＞ 3〜4人分

川ガニ*…2〜3匹
水…適量
米…1合(150g)
塩…小さじ1
醤油…少々
細ねぎ…1〜2本

*川から捕りたてで生きがよい場合、かぼちゃを餌に2〜3日飼ってから食べるとよりおいしくなる。臭みがとれて、みそがきれいな黄色になり、甘味が増す。

川ガニ(モクズガニ)。重量感のあるものがおいしい

＜つくり方＞

1 カニを洗う。動き回る場合は掃除しにくいので、まず、大きめの鍋にカニを並べ、ひたひたの水を入れて弱火にかけ、カニが動かなくなったら一度火を止める(下ゆで)。カニはまだ赤くない(写真①)。カニをザルにあげる。このゆで汁は、うま味がそれほど出ておらず、汚れが出ているので捨てる。ふんどし部分(おなかの蓋の部分)をはずし(写真②)、本体を流水とタワシできれいに洗う(写真③)。

2 鍋にカニを入れ、かぶるくらいの水を新たに加え、強火で加熱し、ぐらぐら沸いたら弱火で20分加熱し、火を止める(本ゆで)。カニの甲羅はきれいな朱色になっている。

3 ゆで汁は残し、カニをザルにあげる(写真④)。甲羅をはずし、内側のがに(魚のえらに相当)を除く。カニみそや内子(卵巣・ゆでるとオレンジ色でかたくなっている)はとり出しておく。甲羅の内側の胴体および脚にはさみを入れて、箸などで丁寧に身をとり出す。

4 米は先にとぎ、ひたひたの水に約1時間つけたあと、水をきる。カニのゆで汁1500mℓに、米、カニの身、カニみそや内子を入れ(写真⑤)、中火で約40分加熱して雑炊をつくる。

5 塩で薄味に味つけし、仕上げに醤油少々を入れると香りがよい。

6 盛りつけ時に、小口切りのねぎを散らす。

◎1の別方法として、生きているときに、出刃包丁の先で腹のふんどしの上から一息に突き刺して、動かなくなったら流水とタワシで丁寧に洗う方法もある。この方法だと脚がはずれない。またよく掃除しているので下ゆで不要。

◎ウェステルマン肺吸虫が、中間宿主の川ガニなどの淡水甲殻類を介してヒトに寄生するので、よく加熱調理すること。中心温度55℃で5分加熱すると感染力を失うことが報告されている。調理器具もよく洗浄し熱湯消毒することが大切である。手洗いも十分にすること。

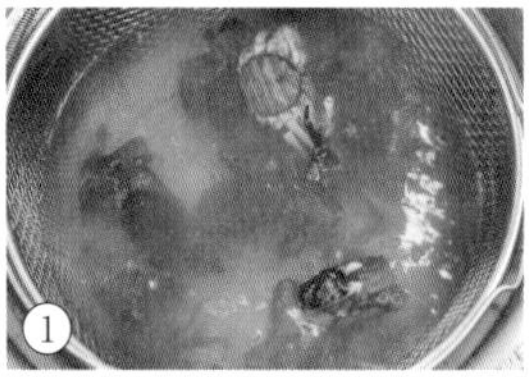

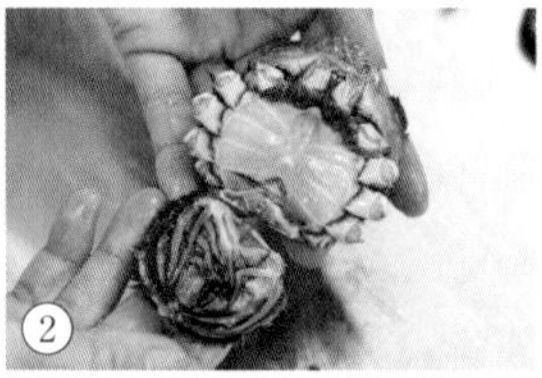

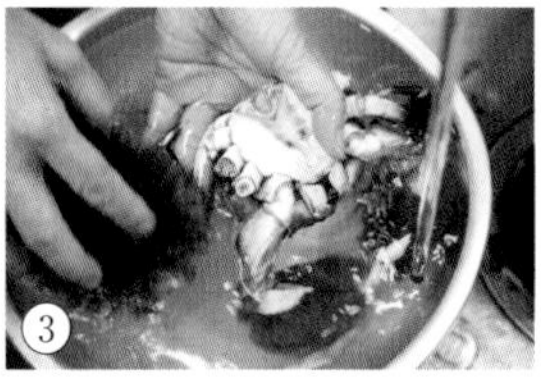

撮影／五十嵐公

〈徳島県〉

おみいさん

大根と里芋を使った味噌味の雑炊を、徳島ではおみいさんと呼びます。「お」は尊敬語、「みい」は味噌、「さん」も尊敬語で、徳島では味噌が殿様に献上するほど美味であることなどから、こう呼ばれるようになったようです。農山村で晩秋から冬に食べられ、寒い冬場に冷えた体を温めてくれました。

大根は間引き菜（おねば）を使います。葉も根も細かく切って、米が焦げつかないように、おねば、米、里芋、おねばと重ねて煮こみます。貴重な米を大根と里芋で増量するわけですが、時間をかけて煮ることで野菜の旨みが全体に広がり、その旨みを里芋や米の粘りで包みこんでおいしく煮上がるのです。味噌汁にご飯を加えて煮てもおみいさん風になりますが、おみいさんは米からじっくり煮ることでおいしさが全然違います。秋の夕暮れ、おくど（かまど）でまきが燃えるにおいと、おみいさんの味噌のにおいがしてくると、「今夜はおみいさんだな」と子どもたちは遊びから帰宅しました。

協力＝新居和、北山明子、加々美清美、川人満代　著作委員＝長尾久美子、近藤美樹

撮影／長野陽一

＜材料＞ 4人分

米…3/4カップ（100g）
大根葉（間引き菜）…1/2束（100g）
大根…5cm
里芋…中5個（250g）
だし汁（煮干し）…4カップ
ねさし味噌*…大さじ2強（40g）

*2〜3年熟成させた米味噌。ねさしは「ねかせる」の意味。

＜つくり方＞

1 米は洗って打ち上げて（ザルにあげて）おく。
2 大根葉はゆでて水にさらしアクを除き、2cmほどの食べやすい長さに切る。大根は5mm厚さのいちょう切りにする。
3 里芋は皮をむき、やや厚めの輪切りか半月切りにする。
4 鍋に大根葉と大根の半量を敷き、その上に米を平らに入れ、里芋をのせ、残りの大根葉と大根を散らす。
5 4の鍋にだし汁を加え、蓋をして火にかける。煮立ったら蓋をはずし、米といもが煮えるまでは強火、あとは弱火で40〜60分煮る。火が強いと焦げるので注意する。
6 水分が少なくなり米の粘りで全体がからまるようになったら、大さじ2程度のだし汁（分量外）で溶いた味噌を加えて混ぜ、水分の加減を見ながら煮つめる。

◎煮立ったら蓋をはずしたほうが、大根葉の色が悪くならない。

〈徳島県〉

そば米《ごめ》雑炊

撮影／長野陽一

徳島県では玄そばをゆでて乾燥させた後、そば殻を除いたそば粒を「そば米」と呼びます。県西部の祖谷《いや》地域は山間地でかつ急斜面が多いため稲作ができず、焼畑にしてそばをつくりました。ハレの日には粉にしてそば切りにしましたが、普段はそば米を米に見立てた醤油仕立ての雑炊や、手軽なそばねり(そばがき)を食べました。

そば米雑炊は他の地域でも食べられており、県中央北部の吉野川北岸にある阿波市では、体が温まるので大根や里芋、家にある野菜を入れて秋から冬によくつくるそうです。そば米は別にゆでて最後に汁に加えますが、ゆで時間が短いとプチプチとした食感が強めに残り、長いとやわらかくなります。すぐに食べないとそば米が汁を吸ってふくれてやわらかくなります。そば米の量を減らして汁ものとして食べることもあり、それはそば米汁と呼びます。そば米の料理は珍しいので県外からのお客様に好評で、帰省した家族にもよくつくるそうです。

協力＝林ミヨ子、山添芳江、加藤ハルコ
著作委員＝三木章江

<材料> 4人分

そば米…100g
鶏肉…100g
にんじん…1/2本(80g)
豆腐…1/4丁(80g)
ちくわ…1本(60g)
椎茸…小4枚
油揚げ…1枚半
こんにゃく…1/3枚(60g)
赤板(かまぼこ)…60g
青ねぎ…2本(12g)
だし汁(煮干し)…4カップ
うす口醤油…大さじ3
みりん…大さじ1/2
酒…大さじ1

<つくり方>

1 そば米はよく洗い、たっぷりの水でやわらかくなるまでゆで、水洗いしてザルにあげ水けをきる(写真①)。写真は乾燥(左)とゆで。
2 鶏肉はひと口大に切る。
3 にんじんはいちょう切りにする。
4 豆腐は1cmのさいの目に切る。
5 ちくわは縦半分に切り、薄く切る。
6 椎茸、油揚げは細切りにする。
7 こんにゃく、赤板は2cmの短冊切りにする。
8 ねぎは小口切りにする。
9 鍋にだし汁と2〜7を入れて煮る。
10 ゆでたそば米を加え、醤油、みりん、酒で調味し、ひと煮立ちさせる。最後にねぎを加える。

そば米の量を減らし、そば米汁にすることもある

〈徳島県〉

鮎ろうすい

勝浦川流域の勝浦町や上勝町では、夏になると河原で新鮮な鮎となすやじゃがいも、玉ねぎなどで味噌仕立てのろうすい（雑炊）をつくります。この地域では「鮎の喰い川」と呼ぶ鮎の瀬張り漁が、漁業権をもつ人を中心に近所の人たちで行なわれます。川幅が広く流れの緩やかなところ（大川）で網を上流と下流から入れて鮎をつかまえ、河原では石を積んでかまどをつくり、とってすぐの鮎をろうすいにしたり、塩焼きにして楽しみます。

鮎ろうすいは汁を残してサラッと仕上げます。大人も子どもも川に入って魚を追いかけ、冷たい川の水で体が冷えているので、熱い汁をすすりながら食べて体を温めました。岩が多く砂地が少ない勝浦川の鮎は、岩に生えたコケを食べて育つので内臓の香りがよく、おなかもおいしく食べられます。この季節にはまだ若いすだちをかけるとさっぱりとして、青空の下みんなで囲むろうすいは特別なおいしさでした。

協力＝新居和、北山明子
著作委員＝長尾久美子、近藤美樹

<材料> 4人分

米…1カップ（150g）
水…7〜9カップ
若アユ…4尾（280g）
じゃがいも…1個（150g）
なす…小2本（100g）
玉ねぎ…1個（120g）
しめじ…1袋（100g）
にら…1束（100g）
ねさし味噌（p56参照）
…大さじ4と1/2（80g）
すだち…1個（25g）
七味唐辛子…少々

勝浦川のアユは砂を食べていないので、内臓をとらずに使う

<つくり方>

1 米は30分前に洗って打ち上げて（ザルにあげて）おく。
2 じゃがいもは1.5cm厚さのいちょう切りかさいころ切りにする。
3 なすは縦に2つに切って小口から薄く切り、玉ねぎは薄切りにする。
4 しめじはほぐし、にらは2cm幅に切る。すだちはスライスして種を除く。
5 平鍋に米と分量の水を入れ、じゃがいも、なす、玉ねぎ、しめじ、にらを加えて強火にかける。にらは最後に彩り用として入れる分を少し残しておく。
6 沸騰したら弱火にし、野菜に火が通ったらウロコを除いたアユを上に並べて煮る。
7 米がふっくらとしアユに火が通ったら、味噌をところどころに入れ、軽く混ぜながら煮る。
8 最後に、残しておいたにら、すだちを加える。煮上がったアユは鍋の中で頭や骨、ヒレなどを除いて混ぜる。器に盛り、七味唐辛子をふる。

◎鍋を火にかけてから煮上がるまで30〜40分。煮上がりは少し水分が残った状態で、サラッとしている。

◎自宅でつくる場合は、だし汁でつくるとよりおいしくなる。アユを焼いて入れてもよい。

河原では、すだち以外の材料をすべて鍋に入れて火にかけ、豪快につくった

撮影／長野陽一

〈島根県〉

もずく雑炊

もずくは酢の物や吸い物に入れることが多いですが、雑炊もおいしいもので、隠岐《おき》の家庭では日常的につくられています。隠岐でとれるもずくは細もずくといって、細いながらもしっかりとした食感があります。春から初夏にかけてがやわらかいので、この時期にとって塩漬けにして一年中利用します。昔は「す」（集落全体で採取する漁期のこと）を決めて、すだてとりをしました。

雑炊には上品なあご（とびうお）のだしを合わせます。今は専門の業者がつくった干しあごを購入しますが、昔は家で、とれたてのとびうおの頭と内臓をとり除き、さっと湯をくぐらせて身だけを粗くほぐして天日でからりと干しました。細もずくとあごだしでつくる雑炊は体が温まり、口当たりもよく潮の香りが高いので、食欲のないときでもおいしくいただけます。酒席のしめにも出され、ごちそうを食べた後のさっぱりとした雑炊の味はまた格別です。

協力＝宮本美保子、松田照美、前田秀子、林信子　著作委員＝石田千津恵、藤江未沙

撮影／高木あつ子

＜材料＞ 4人分

ご飯…1と1/3合分（米200g）
もずく（塩蔵）…160g
┌干しあご…60g
└水…1ℓ
塩…小さじ1/2
うす口醤油…小さじ2
青ねぎ…20g
卵…4個

隠岐の干しあご。頭や内臓を除き、身だけを煮干しにする

＜つくり方＞

1 もずくは水で洗って流水に10分さらし、水けをきり食べやすい長さに切る。
2 干しあごでだしをとる。干しあごを水に10分つけてから火にかけ、沸騰後10分煮出してこす。
3 だし汁にご飯を入れて火にかけ、沸騰したら調味料を加え味をつける。
4 ひと煮立ちしたら、1のもずくと溶き卵を加えてよく混ぜ、最後に小口切りにしたねぎを散らす。

◎ご飯を洗ってから入れるとサラッと仕上がる。

◎米からつくる場合はだし汁を米重量の7倍量にし、30分ほど米を煮る。

撮影／長野陽一

<材料> 4人分

米…2.5合
ささげ*…0.5合
かぼちゃ…500g
小麦粉…2合
水…適量
うす口醤油…適量

*ささげは小豆では代用できない。

<つくり方>

1 米をとぎ、ザルにあげて30分おく。
2 かぼちゃの皮はところどころとり、2cmくらいの角切りにする。
3 ささげは一度ゆでこぼしてから、やわらかくなるまで煮る。
4 小麦粉は水を加えて耳たぶくらいのかたさになるようこねる。
5 大きい鍋に白米で炊くときよりもかなり多めの水をはり、その中に**2**を入れ、その上に**1**を入れ、**3**のささげを汁も一緒に加え、とろ火で煮込む。
6 米とかぼちゃが半煮えになったら醤油で味を調え、できあがる少し前に、**4**を細長く薄くのばし、2.5cm×3.5cm×厚み5mm以下になるよう手でちぎって入れて、浮いてくればできあがり。

◎日常食べる場合は、かぼちゃ以外にも好みで野菜を加えてよい。また、水の代わりにいりこのだし汁でもよい。

〈長崎県〉

かぼちゃずうしい

県北部に位置する離島・壱岐《いき》では「ぞうすい」の音がなまって、「ずうしい」と呼ばれており、身近な食材でつくれる料理として親しまれています。壱岐ではお祝いごとには小豆、仏事にはささげを使うのが一般的です。かぼちゃずうしいには、かぼちゃの他、ささげ、小麦粉を練ったものを入れます。盆の入りの8月13日に食べるので、「十三《じゅうさん》日《ち》ずうしい」ともいわれます。農作業などで忙しいときも満足感が得られ、普段は栄養価の高い主食として、お盆などには供えものとして、老若男女問わず食べられるものです。正月に食べるもちと野菜(白菜など)を入れた「福入ずうしい」もあります。

見た目にずっしり感がありますが、もっちり、さらさら、ほくほくといった材料の食感が楽しめ、やさしいおいしさが広がります。かぼちゃを食べると病気をしないといわれ、家族を思いやる一品でもあります。ただ、現在は、年配の人はよくつくりますが、若い人はつくらなくなってきています。

協力=松熊節子、壱岐地区生活研究グループ
著作委員=石見百江、冨永美穂子

〈鹿児島県〉

といのずし

　鶏（とい）のだしでつくる雑炊（ずし）のことですが、雑炊というよりやわらかい炊きこみご飯のようです。畜産がさかんな南九州市では昔は鶏が貴重なたんぱく質源で、来客時、祝いごと、祭りなどには庭で飼っていた鶏をつぶし、肉はとり刺しにし、残った骨で煮物や吸い物、といのずしなどをつくりました。祭りを盛り上げるために、男性が最後に大釜でといのずしをつくり、皆にふるまうこともありました。

　麦味噌と砂糖を使うのが特徴で、甘めに仕上げます。味噌は鶏の臭い消しの意味もあったと思いますが、鹿児島では味つけの基本は味噌で、どの家庭でも大きな樽にたくさん仕込んでいました。貴重な砂糖でもてなすため甘く、水田が少なく畑が多い地域では雑炊にして米のかさ増しをしました。

　知覧の菊永地域では多くの家庭で愛されてきた味ですが、ここ数年高齢化が進んでつくれる人がいなくなり、飲食店で提供される郷土料理になっています。

協力＝福司山エツ子
著作委員＝竹下温子、木戸めぐみ

撮影／長野陽一

＜材料＞ 4人分

米…2合（300g）
鶏ガラスープ*…2と1/2カップ（米重量の1.7倍。好みで加減する）
┌ 地鶏もも肉…80g
└ 酒…小さじ2
にんじん…30g
しょうが…3かけ（50g）
麦味噌…大さじ4と1/2（80g）
ザラメ…大さじ1と1/3（20g）
塩…ひとつまみ〜ふたつまみ（0.8〜1.6g）
葉ねぎ…15g
錦糸卵
┌ 卵…2個
│ 砂糖…小さじ1
└ 塩…ひとつまみ

*鶏ガラ300gの脂身や血を除き、よく洗って熱湯をかける。水1.6ℓ、酒2カップ、深ねぎの葉の部分と一緒に火にかけ、沸騰するまで強火、そのあとは弱火でこまめにアクをとりながら2時間ほど煮る。

◎鶏肉の量を増やしたときは鶏ガラスープを使わず水で炊いてもよい。

＜つくり方＞

1 米は炊く30分前に洗いザルにあげる。
2 錦糸卵をつくる。
3 鶏肉は余分な脂、筋をとり除いてひと口大に切り、酒をふりかける。にんじんと、しょうがの1/3はせん切り、残りのしょうがはすりおろし、汁をしぼる。
4 3の鶏肉を炒め、鶏ガラスープ、麦味噌、ザラメを加えて少し煮立て、しょうが汁と米、にんじんを入れ土鍋で炊く。沸騰するまで強火、その後中火〜弱火で15分、弱火で5分炊き、5分蒸らす。
5 小口切りにした葉ねぎ、しょうがのせん切りを混ぜ合わせ、塩で味を調える。
6 器に盛り、錦糸卵を上にかける。

撮影／長野陽一

＜材料＞4人分

ご飯…600g
だし汁（かつお節）…6カップ
フーチバー（よもぎ）…60g
味噌*…60g
*好みの味噌でよい。

フーチバー

＜つくり方＞

1 フーチバーは葉をつみとり、水の中でよく洗い、さっとゆでる。
2 鍋にだし汁を入れ、沸騰したら味噌を溶く。その中にご飯を入れて弱火で煮る。
3 ご飯の粒が少しつぶれてきたら、ゆでたフーチバーを加え、ひと煮立ちさせて仕上げる。

〈沖縄県〉

フーチバージューシー

フーチバー（よもぎ）の入った味噌味のジューシー（雑炊）です。好みで卵や豚肉を加えたり、味噌でなく醤油で味つけをしてもおいしいです。

フーチバーは庭や野原や道ばたによく生えている多年草で、葉を煎じた汁は解熱、胃腸病、婦人病などに効果があるといわれ、昔から薬草として利用されています。ヤギ汁に入れれば臭み消しにもなり、また整腸作用があるといわれます。現代では抗酸化力の高い健康野菜としても人気で、沖縄そばに入れて食べることも多いです。

沖縄の「ジューシー」は、クファ（かたい）ジューシーとヤファラ（やわらかい）ジューシーの2種類があります。クファジューシーは炊きこみご飯、ヤファラジューシーは雑炊またはおじやのようなものです。別名としてボロボロジューシーといわれる場合もあります。

ヤファラジューシーはおもに日常食ですが、クファジューシーは日常食としても盆や冬至などの行事食としてもつくられます。

協力＝森山尚子、大嶺桂子、大嶺文子
著作委員＝大城まみ、森山克子、田原美和

半つきなど

きりたんぽや五平もちなど、ご飯を半分ついたもち・だんご状の料理です。鶏のだしやくるみのコクが加わった汁で食べたり、えごまやごまのたっぷり入ったたれをつけて焼いたりします。米の代わりにじゃがいもをつぶしてもち状にしたあんぷらもちも紹介します。

〈秋田県〉

だまこ汁

うるち米のご飯をすりこぎで粗くつぶして球状にしたものが「だまこ」、あるいは「だまこもち」です。だまこは秋田弁でお手玉の意味で、手の中に入るくらいの大きさに丸めることから、こう呼ばれています。きりたんぽ鍋と同様に、半づき状の丸めたご飯を調味液で煮るのが特徴です。

今は鶏のだしに醤油味が基本ですが、古くはふなやわかさぎなど魚のだしに味噌味の地域もありました。県央から県北にかけて、新米がとれる秋から冬によくつくられており、収穫が一段落した頃、「庭あらい」や「庭じめ」と称して、だまこもち鍋をふるまう習慣があったそうです。大館地方では、昔は残りご飯を蒸してだまこにし、家で飼っていた鶏の肉、周辺でとれたごぼう、椎茸、ねぎ、せりでだまこ汁をつくり、それは最高のごちそうでした。今では県の郷土料理の一つとされ、新米の季節はもちろん、家族の帰省や来客時など、ちょっとした人の集まりにもよくつくって食べられています。

協力＝田村弘子　著作委員＝長沼誠子

撮影／高木あつ子

＜材料＞ 4人分

米…2カップ
鶏肉（あれば比内地鶏*）…300g
ごぼう…1本
舞茸…1パック
長ねぎ…1本
せり…1束
糸こんにゃく（しらたき）…1袋
［水…10カップ
　鶏ガラ…1羽分
醤油…大さじ6
酒…大さじ4
みりん…大さじ4
塩…少々

*p66の比内地鶏の解説参照。

◎きのこは、椎茸、しめじを使うこともある。

だまこ汁の材料。だまこ（右）はピンポン玉大

＜つくり方＞

1 鍋に水と鶏ガラを入れて強火にかける。沸騰寸前に中火にして、アクをとりながら1時間以上ゆっくりと加熱し、だし汁を6カップ分とる。
2 かためにご飯を炊いて、熱いうちにすりこぎで半つき状態につぶす。手に塩水（分量外）をつけてひと口大にちぎったものを丸める（だまこ）。
3 鶏肉はひと口大に切る。ごぼうはささがきにして水にさらす。舞茸は食べやすい大きさに裂く。ねぎは斜め切り、せりはざく切り、糸こんにゃくはゆでて食べやすい長さに切る。
4 鍋にだし汁を入れて火にかけ、調味料で味を調え、鶏肉、ごぼう、舞茸、糸こんにゃくを入れて煮る。
5 食べる寸前にだまこを入れてひと煮立ちさせ、ねぎとせりをくぐらせて盛りつける。

◎これを鍋ごと食卓に出すと、「だまこもち鍋」になる。

〈秋田県〉

きりたんぽ鍋

古くから新米が出る秋から冬のハレの日に食べる鍋料理です。今は季節を問わず、お盆や年越しなどで家族が集まるときなどにもよくつくられます。長い串にご飯をにぎりつけて焼いたものを「たんぽ」と呼びますが、由来は、ヤリのタンポ（刃の部分をおおう鞘《さや》）、蒲《がま》の穂をたんぽといい、形が似ているからなど、諸説あります。たんぽを切ったものが「きりたんぽ」です。

たんぽは串が必要で焼く手間もかかるので、だまこ汁はつくってもたんぽをつくる家は少なく、今は年中スーパーなどで売られているため、市販のたんぽを使うことが多いです。たんぽの食べ方は鍋だけではなく、串に刺したたんぽに甘い味噌をつけた「味噌づけたんぽ」もあり、おやつや軽食として食べられています。

県北東部の鹿角《かづの》市はきりたんぽ発祥の地とされています。また隣の大館《おおだて》市はきりたんぽの本場といわれ、比内地鶏の産地として有名です。舞茸、ねぎ、せりなど、きりたんぽ鍋は地元の食材をふんだんに使います。

協力＝浅石シガ　著作委員＝髙山裕子

＜材料＞2人分

【たんぽ】

ご飯（あきたこまち）…360g（4本分）
（米重量で170g程度）
鶏もも肉（あれば比内地鶏*）…160g
糸こんにゃく（しらたき）…160g
舞茸…100g（1パック）
ごぼう…40g（1/4本）
長ねぎ…40g（1/2本）
せり…80g（1束）

【鶏だし】

鶏ガラ…1羽分
水…1.2ℓ（できあがり約1ℓ）
醤油…大さじ7（105mℓ）
みりん…大さじ5（75mℓ）
酒…大さじ1

たんぽ専用の串（秋田杉でできた1cm角・30〜40cm長さのもの。割り箸で代用できる）

*江戸時代に比内地方で飼われていた「比内鶏」がルーツ。天然記念物に指定され、食肉用の鶏として比内鶏とロード種の交配から「比内地鶏」が作出。肉は赤みが多く弾力があり、黄色みのある脂の味わいがきりたんぽやだまこ汁のだし（鶏ガラスープ）には欠かせない。

きりたんぽ鍋の材料。具は基本的にだまこ汁（p65）と同じ

＜つくり方＞

1 たんぽをつくる。炊きたてのご飯をすり鉢に入れて、すりこぎでつぶす（写真①）。ご飯粒が3割くらい残る状態までつぶす。塩水でぬらした手で、おにぎり大（1本約90g）に丸めたご飯を串に刺して（写真②、③）、下の方までにぎりながらのばしていく（写真④、⑤）。まな板の上で転がして表面をなめらかにする（写真⑥、⑦）。
2 たんぽを焼く。ホットプレートやグリルで串を回しながらこんがり焼き目をつける。あれば囲炉裏などの炭火で焼く。串から抜いて2つに切る。
3 材料を切る。鶏肉はひと口大に切る。ごぼうはささがき、舞茸はひと口大に裂く。ねぎは斜めに切る。糸こんにゃくは熱湯に通して食べやすい長さに切る。せりは6cm程度の長さに切る。根もきれいに洗って使う。
4 だしをとる。水と鶏ガラを強火にかけ、沸騰したら丁寧にアクをとり、中火で1時間程度煮続けてだしをとる。
5 鍋をつくる。鍋に4のだし汁を入れ、沸騰したら醤油、みりん、酒を入れて調味する。具は最初にごぼうを入れ、沸騰したら鶏肉、糸こんにゃく、舞茸の順に入れ、火が通ったら切ったたんぽとねぎを入れる。せりは最後に入れて風味と青みを味わう。

◎たんぽは味がしみやすいように手でちぎってもよい。斜めに切らずに、まっすぐ2等分するとくずれにくい。

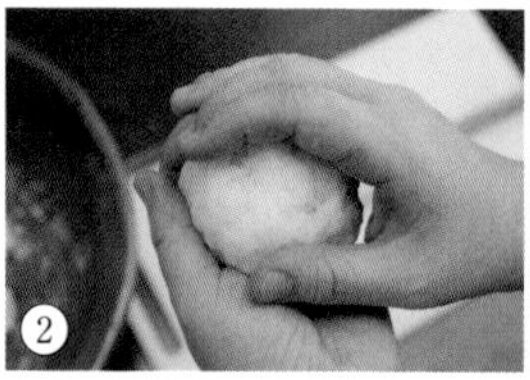

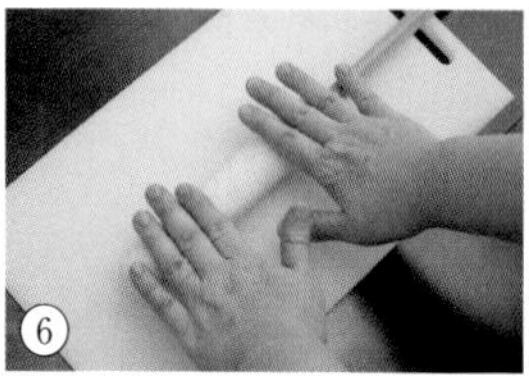

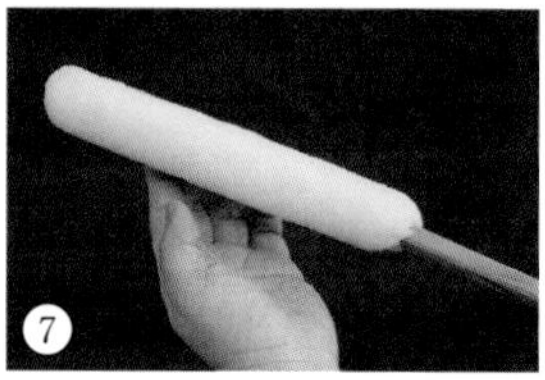

撮影／高木あつ子

〈秋田県〉

あんぷらもち

県西部の男鹿《おが》地区では、じゃがいもをあんぷらと呼び、もち状に加工したものをあんぷらもちと呼んでいます。あんぷらの由来は諸説ありますが、オランダ語でじゃがいもを意味する「アールダップル」が変化したと考えられています。

米どころの秋田において、男鹿地区は昔から漁業が中心で、平地が少なく大規模な稲作ができなかったため、畑でとれるじゃがいもをご飯の代わりにし、米の節約をしました。おかゆを入れるようになったのは最近で、より簡便な方法として考えられたようです。

すりおろしたじゃがいもを水にさらしてでんぷんからつくる方法と水煮したいもを使う方法とがあります。水煮するほうが、手間がかからず簡単です。あんぷらもちは、表面はつるっと、もちっとしながらも噛み切りやすく、汁ものの具や鍋料理にしたり、あんことからめておやつにしたりして食べてきました。近年はピザ生地やバター焼き、きりたんぽ鍋に入れるなどの食べ方も考案されています。

協力＝戸賀浜のかあちゃん、飯沢栄美
著作委員＝髙橋徹

撮影／高木あつ子

<材料> 5〜6人分

じゃがいも…200g
おかゆ…200g
かたくり粉…150g程度

<つくり方>

1 おかゆ（全がゆ*）をつくる。
2 じゃがいもは皮をむいてやわらかくなるまで水煮する。
3 2をつぶし、1を混ぜ、さらにかたくり粉を入れて混ぜる。かたくり粉はかたさが耳たぶ程度になるよう、加える量を調整する。
4 5〜6等分にし、棒状に成形する。
5 4を1cm程度に輪切りし、沸騰したお湯に入れて浮いてきたらすくいとる。
6 あんこにからめたり、汁に入れて食べる。

*米1に対し、水5〜6の容量で炊いたおもゆのほとんどないかゆ。

◎4で棒状にしたものは、ラップなどに包んで冷凍保存できる。

撮影／長野陽一

＜材料＞約10個分

米…400g
水…560mℓ
じゅうねん味噌
- じゅうねん（えごま）…60g
- 砂糖…100g
- 味噌…60g
- みりんまたは酒…小さじ2

＜つくり方＞

1. じゅうねんは、フライパンなどでから炒りし、熱いうちにすり鉢でなめらかになるまでよくすり、砂糖、味噌、みりんを加えてとろりとするまでよくすり混ぜる。
2. 分量の水でややかために炊いたご飯を熱いうちにすりこぎなどで半つきにする。
3. 幅約1cmで、長さ約30cmの専用の竹串に卵くらいの大きさにかたくにぎった飯を刺し、小判形に整える。
4. オーブン、オーブントースター、コンロなどで両面を焼く。囲炉裏があればまわりに3を刺して焼く。
5. 焦げ目がついたら1のじゅうねん味噌を塗ってさらに焼く。

囲炉裏でしんごろうを焼く

〈福島県〉

しんごろう

半つきにしたご飯を竹串に刺し、じゅうねん（えごま）味噌を塗って香ばしく焼きます。南会津郡の下郷町と旧田島町（現南会津町の一部）に伝わる郷土料理です。

秋の収穫を終えた頃、豊作を喜び感謝し、そして労をねぎらうためにつくられるもので、隣近所の人々や村内の親戚、知人などを招いて囲炉裏で焼かれるしんごろうを囲み、酒を飲み交わしながら談笑のうちに食しました。この地方は水田も少なく、寒冷地であるため、以前はもち米の確保は容易ではありませんでした。そのため、うるち米やくず米を工夫し、おいしいごちそうへと変えたのです。

じゅうねんはシソ科の植物で、古くから食用や搾油用に栽培され、寒地でもよく育ちました。ごまに勝るほどの芳香と旨みがあり「食べると十年長生きできる」と親しまれています。じゅうねん味噌は、そば粉ともち米でつくった「はっとう」につけたり、山菜などのよごし（和え物）にも使います。会津では欠くことのできない食材でした。

協力＝湯田由美　著作委員＝加藤雅子、會田久仁子、柳沼和子

〈新潟県〉

やまもち

鶏肉や油揚げや打ち豆、野菜やきのこがたっぷり入って旨みの濃い汁によくすったくるみが溶け、さらに甘さとコクが加わります。その汁が、少しやわらかめに炊いたご飯をついて丸めただんご「やまもち」にからまり、おいしさが口いっぱいに広がります。県の最北端、村上市内陸部の朝日地区に伝わる「ごっつお（ごちそう）」です。かつては新米ができたときに山の神様へお供えした特別な料理でした。現在では日常的につくられ、人が集うときなどにはたくさんつくってふるまう一品となっています。

朝日地区には集落ごとに独特な「やまもち」があり、呼び名は同じでも、料理法や味わいはそれぞれずいぶん違います。くるみと味噌で汁を仕立てて煮込んだ椀物（桧原集落、関口集落）以外にも、串に刺してくるみ味噌を塗って焼いたもの（門前集落）、めしをもち状についてくるみ味噌を包んで丸めてすまし汁に入れていただく（布部集落）など、共通点はめしをついて丸め、くるみと味噌を使う点です。

協力＝横井栄子、横井絹子
著作委員＝玉木有子、伊藤直子

＜材料＞10人分

米…8合
水*…炊飯器の加水量の1割増し
煮干し…大きめ約10本（正味35g）
干し椎茸…1袋（35g）
鶏もも肉（皮つき）…2枚（600g）
酒…120mℓ（肉の約20％）
ごぼう…2本（400g）
にんじん…3本（300g）
しめじ…2袋（200g）
えのきだけ…1袋（100g）
油揚げ…5枚（100g）
打ち豆…1袋（120g）
味噌**…500g
和ぐるみ***
　…殻つき750g（正味150g）
せり、三つ葉、ゆずなど…適量

*めしの炊き上がり倍率は米重量の2.3～2.4倍。
**できあがりに対する塩分が約0.8％。
***焙烙（ほうろく）で炒ってから殻を割って実をとり出す。

＜つくり方＞

1 米は洗って分量の水に30分以上浸し、通常よりやわらかめに炊く。熱々のめしをすりこぎでついて半殺し（めし粒が半分残る程度）につぶす（写真①）。
2 1を温かいうちにピンポン球大（約70g）に丸めてにぎる（やまもち）（写真②、③）。冷水に落として熱を冷ます（写真④）。冷めたら水をきっておく。これでめしがしまり、煮くずれしにくくなる。
3 煮干しでだしをとる。干し椎茸の戻し汁と合わせ、約10ℓにする。足りなければ水を足す。
4 鶏肉はひと口大に切って、約20分酒に浸し、酒ごと炒りつける。
5 ごぼうとにんじんは、大きめのささがきに切る。
6 しめじは小さい房に分け、えのきだけは1/3の長さに切ってほぐす。戻した椎茸は薄切りにする。油揚げは短冊切りにする。
7 和ぐるみは水を加えながら、白くなめらかになるまですり鉢でよくする。
8 3を入れた鍋にごぼう、にんじんを入れて加熱する。やわらかく煮えたら、しめじ、えのきだけ、椎茸、油揚げ、4の鶏肉を加え、煮汁が半量程度になるまでよく煮こむ。アクが出たらとる。
9 一度火を止め、打ち豆を入れたら味噌を溶き入れる。
10 再び加熱し、沸騰する前にやまもちを入れ（写真⑤）、約10分煮る。最後にすったくるみを煮汁で溶き入れる（写真⑥、⑦）。
11 椀によそい、刻んだせり、三つ葉、ゆずなどを盛りつけてできあがり。

◎煮干しと干し椎茸は前日から一晩、水に浸しておくと戻りがよく、だしが十分に出る。

◎具材は時期や好みで変えてよいが、くるみは和ぐるみを使う。和ぐるみは洋ぐるみに比べて小さく、実も少なくとり出しにくい。しかし油分が少なめで渋み（タンニン）が少ない。

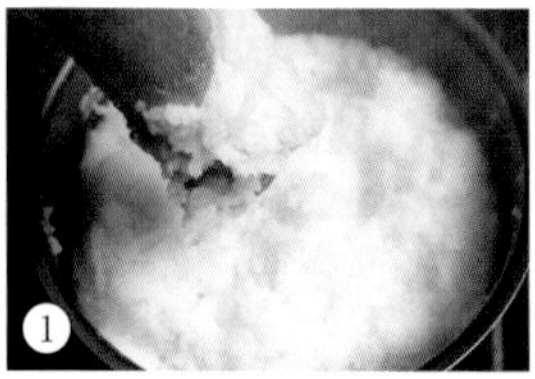

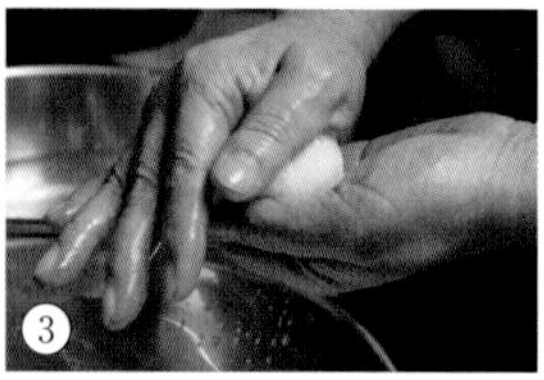

撮影／高木あつ子

〈長野県〉

枝豆ののたもち

諏訪地方でお盆や秋の彼岸に食べられているハレの食です。枝豆や油荏《あぶらえ》（えごま）をすった甘いたれを「ぬた」と呼び、半つきくらいにつぶした（半殺しとよぶ）ご飯と一緒に食べます。半殺しにしたご飯を茶碗に盛り、甘いぬたをかける、おはぎのようにご飯を丸めてそのまわりにぬたをつける、茶碗の底にもぬたを敷いてご飯を盛り、さらにその上にぬたをかけるなど、家庭や地域ごとにいろいろな食べ方があります。

また地域によって材料が枝豆と油荏に分かれており、両方をつくるところでは、枝豆を「青のた」と呼んで区別しています。茅野市以北ではすべて枝豆ですが、原村から富士見町には、枝豆だけ、油荏だけ、両方をつくる家もあります。

諏訪では枝豆を盆豆ともいい、お盆の頃から収穫できる枝豆でつくるのたもちは、お盆に仏さまに供えるごちそうで、お盆に帰省する人たちには、夕顔の汁とでもてなしました。

協力＝山田邦子、林邦子
著作委員＝中澤弥子

撮影／高木あつ子

＜材料＞ 4人分

もち米…320g
うるち米…160g
水…480g（米と同重量）
枝豆（さやつき）…600g
砂糖…75g
塩…小さじ1弱（好みで加減）
水または枝豆のゆで汁…適量

◎もち米：うるち米＝5：3～4：1。割合は家庭の好みによる。

＜つくり方＞

1 もち米とうるち米を合わせて洗い、ザルで水をきり、すぐに炊き、炊き上がったらすりこぎで米の粒が半分残るようにつぶす（半殺し）。
2 枝豆は水を替えてよく洗い、さやのまま色よくゆでる。ゆで汁を一部残しておく。
3 枝豆をさやから出して薄皮を除き、すり鉢に入れる。すりこぎでつぶしてからよくすりつぶし、砂糖、塩を加えてさらにすり、味を調えながら混ぜる。水または枝豆のゆで汁で好みのかたさにゆるめる。
4 1を茶碗か皿に盛り、3をかける。または1を丸めて、そのまわりに3をつける。

えごまのぬた。油荏180gを焦がさないように香りがして3粒ほどはねるまで低温で炒る。すり鉢ですりつぶし、砂糖80gと塩小さじ1で味を調え、水で好みのかたさにゆるめ、半殺しにしためしにかけるか、めしを丸めて、そのまわりにつける。諏訪地方では、寒さや病害虫に強い油荏が古くから栽培されてきた

〈長野県〉五平もち

木曽や伊那で親しまれてきた、収穫の祝いや来客のもてなし料理です。もとは山仕事をする人の携帯食だったという話もあります。他県にもありますが、長野県は小さいだんご形やわらじ形などで、これを幅広の竹串に刺します。

五平もちを食べるのは、米の収穫期である11月。一年の農作業の締めくくりに兄妹や親戚を呼んで五平もち会を開いたそうです。知り合い同士でも「ごへもち会やるでこんかい？（五平もち会をやるので来ませんか?）」と誘い合います。焼くのはU字溝。男衆がたれをつくり、女衆がご飯をにぎって焼きます。たれはえごま、落花生、くるみなど。串は前日からさわらや竹を削って備えます。竹串はとげをとって何度も煮てアクをとったあと、天日に干して使います。一日で6升つくこともあり、1升で50本程度できるため300本になりますが、五平五合《ごんごう》（五平もちにすると5合くらいすぐ食べてしまえる）というくらいよく食べたそうです。

協力＝林ちかゑ、佐口幸子
著作委員＝小木曽加奈

撮影／高木あつ子

＜材料＞ 40〜50串分

米…1升
水…1升〜1升1合（米の1〜1.1倍）
【たれ】
えごま…100g
ごま…150g
くるみ…100g
砂糖…175g
酒…80mℓ
緑茶（液）…50〜60mℓ

竹串（幅広）40〜50本

＜つくり方＞

1 ご飯はややかために炊き、熱いうちにすりこぎで米粒が半分残るようにつぶす（半殺し）。
2 直径3〜5cm（30〜40g）の平たいだんご状に丸めて、竹串に2個ずつ刺す。竹串は水でぬらさず乾いた状態で使う。
3 もち焼き網で焼いて両面に焦げ目をつける。オーブン、ホットプレート、オーブントースターで焼いてもよい。
4 全体にたれをたっぷりつけて、再びあぶる程度に焼く。

【たれ】

1 えごま、ごまをそれぞれ香ばしく炒る*。
2 1を合わせてすり鉢ですり、粗く刻んだくるみを加えてさらによくする。フードプロセッサーを使ってもよい。
3 2に砂糖、酒を加えてすり混ぜ、緑茶を入れて全体がとろりとなるまでよく混ぜ合わせる。緑茶の量で好みのかたさに調整する。

*焦がさないよう少しずつ炒る。「えはみつぼはじけりゃいい（えごまは3粒はじければもう十分炒れている）」といわれる。

伊那の五平もち

◎木曽は炭火で焼き、えごまやくるみ、味噌と砂糖のたれ。上伊那ではたれに山椒を加えてスパイシーに、飯田下伊那では、素焼きしてたれをつけたあと再度焼くなど、地域や家庭によってたれや形はさまざま。

〈岐阜県〉

五平もち

　ご飯にたれをつけて焼いた素朴な料理ですが、子どもから高齢者にまで愛されています。秋の米の収穫祝いや、親族の集まりや来客のおもてなしにもなっています。春、出始めた山椒の新芽を入れたたれで食べる五平もちもおいしいものです。

　五平もちの形はだんご形やわらじ形など、地域により家によりいろいろです。東濃《とうのう》の瑞浪《みずなみ》市や恵那《えな》市、中津川《なかつがわ》市を通るJR中央本線沿いのルートでは、比較的だんご形が多い（ただし串に刺すだんごの数はいろいろ）といわれますが、今は手軽につくれるわらじ形の型がよく売られています。

　使う米はうるち米で、もち米を加えるとやわらかくなりすぎて串から落ちてしまいます。たれは好みですが、大きくは、こってりタイプ（味噌味）、あっさりタイプ（醤油味）、味噌＋醤油タイプに分けられます。これにしょうがやねぎ、山椒を入れたり、蜂の子（へボ）を入れることもあるそうです。

協力＝林サキコ、大竹伸子、小栗幸子
著作委員＝坂野信子

＜材料＞10個分

米…4合
白ごま…大さじ3
くるみ…10g
落花生…20g
味噌（米味噌または豆味噌）…70g
砂糖…100g
醤油…少々
酒…少々
長ねぎ…10g
しょうが…5g

＜つくり方＞

1　ご飯は通常よりやや少なめの水加減にしてかために炊き、蒸らしたらすぐすりこぎで米の粒が半分残る程度につぶしながらこねる。
2　1を10等分し板串にわらじ形ににぎりつける（写真①、②、③、④）。または直径約3cmに丸くにぎり、3個ずつ串に刺してもよい。
3　たれをつくる。ごま、くるみ、落花生をすり鉢で油が出るまでよくする（写真⑤）。味噌、砂糖、醤油、酒を一度に加えてすり混ぜ（写真⑥、⑦）、ねぎはみじん切り、しょうがはすりおろして合わせ、味を調える（写真⑧、⑨）。
4　2を炭火で焦げ目がつく程度に下焼きをする。
5　下焼きができたらたれをつけて、焦げないように焼く（写真⑩）。

◎串は水で洗わない。乾いた串でないとご飯がつかず、落ちてしまう。

◎手軽に焼くには、油を少し塗ったフライパンで丸くにぎったご飯を焦げ目がつくまで焼き、それを串に刺して味噌を塗る。味噌に焦げ目をつけたければ、コンロで焼く。

①

②

③

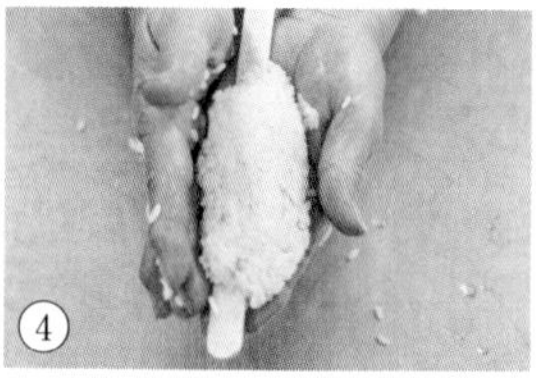
④

⑤

⑥

⑦

⑧

⑨

⑩

撮影／長野陽一

〈愛知県〉

五平もち

新城市を中心とした奥三河地区、とくに山間部は平地が少ないため、斜面や狭い場所での稲作は、機械のなかった昔は重労働でした。くず米も貴重で、五平もちはそれらをよりおいしく食べる方法でもあり、ごちそうでした。近隣の岐阜県や長野県でも五平もちがありますが、形や大きさは異なり、この地域は大きなわらじ形が特徴です。串は平たくし、ご飯がしっかりくっつき、焼いている間に落ちてこないようにしてあります。

設楽《したら》町津具《つぐ》で聞き書きした家では、五平もちを焼く専用の道具（鉄《てっ》弓《きゅう》のようなもの）を手づくりし、一度に7、8本が炭火で焼けます。嫁いだ娘たちが孫を連れてきたとき、近隣の仲間が集まったときのごちそうとして、たくさん焼くそうです。五平もちにつける味噌だれは家庭によってさまざまで、にんにくを入れたにんにく味噌を使うところもあります。変わらないのは必ず赤味噌（豆味噌）を使うこと。豆味噌は長時間火に当てても香りがよく、味わい深いです

協力＝荻野紀子、柴田清美、村松力夫、村松秀子、竹内弘明　著作委員＝野田雅子

＜材料＞ 4本分

ご飯…600g
【味噌だれ】
赤味噌（豆味噌）…50g
黄ザラ糖…50g
三温糖…50g
みりん…50mℓ
すりおろししょうが…適量
白ごま…適量
だし汁（かつお節と昆布など好みで）…20mℓ

五平もちの串4本、五平もちの型*、ラップ

*型がない場合は、手で形づくってもよい。

◎串は手づくりする場合は、スギを削ってつくる。ヒノキは油が多いので向かない。部位は臭いがある真ん中(年輪の中心)は避ける。3回くらいは利用する。

＜つくり方＞

1 炭を準備し、火をおこしておく。
2 ご飯をすりこぎで粘りが出るまでつぶし、4等分にして（1つ150g）手に水をつけて丸め、ご飯の真ん中に串を差し込んで形を整える（写真①、②）。ポリ袋に入れて作業してもよい（写真③）。
3 五平もちの型にラップを敷いて、その上に2をのせ（写真④）、上からラップをかけて、手のひらを使って型に合わせてご飯を平らにのばす（写真⑤）。
4 鍋にだし汁、黄ザラ糖、三温糖を入れて火にかけて溶かす。次にみりん、味噌を入れて練りながら煮る。なめらかになってきたら、しょうがとごまを好みで加え、味噌だれをつくる。
5 炭火でふっくらするまで3を下焼きする。味噌だれをつけて再度両面を焼く（写真⑥）。

設楽町津具でつくってもらった五平もち。たれはくるみやごまなどをすった味噌だれ

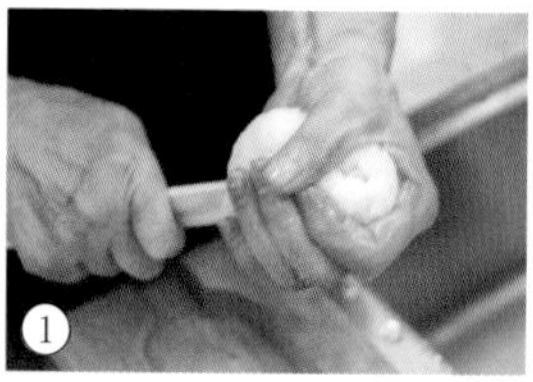

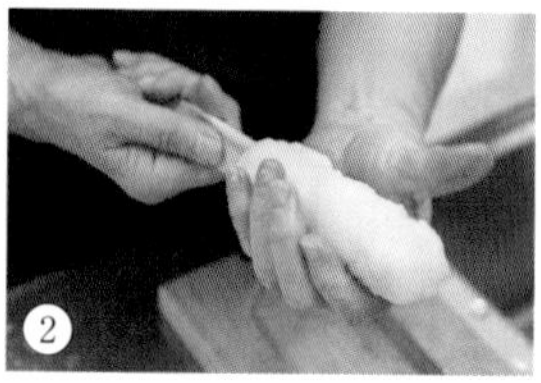

撮影／五十嵐公

赤飯・おこわ

赤飯は北海道から九州まで、甘いもの、小豆以外の豆を使うもの、栗やいもが入るものと多彩です。仏事にも祝いごとにも使われた白いおこわ、くちなしで染めた黄色いおこわ、ごまで黒く見えるおこわ、地域の産物を使った具だくさんのご当地おこわなどが並びます。

〈北海道〉

甘納豆の赤飯

赤飯というと小豆と小豆の煮汁で色づけしたもち米を蒸してつくることが一般的ですが、北海道では甘納豆を入れ、もち米を食紅で色づけします。小豆を煮る手間がかからないことから手軽につくれる行事食、ハレの食事として定着しています。最近では簡単に炊飯器で炊き、日常のちょっとしたときに食べることもあります。

祭りや誕生日、家族の祝いごとには必ずといってよいほど登場しました。今ほど日常的に甘いものを食べる機会が多くなかった当時、甘納豆、とくに大きな金時豆の甘納豆が入った赤飯は、子どもから大人までみんなに喜ばれたごちそうのひとつでした。

札幌市内では6月の札幌祭りのときに毎年欠かさずつくられ、親子三代に受け継がれている家庭もあります。蒸し器の蓋をとったときの華やかなピンク色には子どもたちから歓声があがり、蒸しているときのもち米の香り、ひと口食べたときのやさしい甘さなどどれをとっても、祭りの楽しかった思い出とともによみがえるそうです。

協力＝瀬川智恵子　著作委員＝菅原久美子

撮影／高木あつ子

＜材料＞ 4人分

もち米…3合
金時豆の甘納豆…100g
食紅…少々
打ち水
- 水…1/2カップ
- 塩…小さじ1/2

ごま塩…適量

◎金時豆を使うことが多いが、小豆の甘納豆を入れることもある。

＜つくり方＞

1 もち米を洗い、水に溶いた食紅少々を入れた多めの水に4時間以上（できれば前日から）浸す。食紅は入れすぎないように注意し、色むらができないようにときどき混ぜる。
2 蒸し器に布を敷き、水きりしたもち米を入れ強火で20分蒸す。
3 打ち水をふりかける。
4 水洗いした甘納豆をもち米の上にのせ、さらに20分程度蒸す。
5 甘納豆がくずれないように混ぜ合わせて皿に盛り、ごま塩をふる。好みで紅しょうがの薄切りを添える。

◎米を浸す水に食紅を直接入れると濃くなりやすいので、一度水溶きしてから少しずつ入れて調整する。薄すぎると米がきれいに色づかないので、水の色は桜の花びらより濃いめにする。

赤飯
〈青森県〉

甘い赤飯は、おもに北海道、東北地方の一部でつくられています。赤飯が甘いのは、北国の極寒の冬を乗り切るエネルギーを補給するための生活の知恵といわれています。また、砂糖が高価だった頃、祭りや盆で集まった人へのもてなしの心を甘い味に宿らせたのです。もち米が砂糖でツヤツヤ光ってもっちりとし、2、3日してもかたくならないので、ハレの日にはたくさんつくりおやつ感覚で食べます。

県内でも津軽地域は、もともと自然環境が稲作に適しており、米を中心とした食生活で、とくにもち米に砂糖を多く使う行事食や食文化がみられます。何かお祝いがあれば甘い赤飯をつくって親戚にもおすそ分けしました。

田植えでは水口《みなくち》(田の水のとり入れ口)に赤飯をお供えし、小昼《こびる》(一服)のときに畔《くろ》に座って食べて疲れをとりました。当日は、2時、3時起きで赤飯をつくって重箱に入れ、隣近所や親戚に配り、重箱を空にしてまた詰めてと、その家の主婦は大変だったそうです。

協力=高橋陽子、八木橋リウ子
著作委員=熊谷貴子、北山育子

＜材料＞ 5人分

- もち米…500g
- 塩…小さじ1

小豆…80g
ザラメ…100g
打ち水…200〜250mℓ
(小豆の煮汁を使用)

＜つくり方＞

1 もち米は洗って5時間くらい水につけておく。
2 小豆は洗い、水3カップ(分量外)を加え火にかけ、20分静かに沸騰させる。次に蓋をしたまま1時間そのままにしておく。ザラメと塩ひとつまみ(分量外)を加え、再び沸騰させ、ザラメが溶けたら火を止めて1時間ねかせる。小豆をザルにあげ、煮汁を打ち水用にとっておく。
3 1のもち米の水けをよくきり、塩を加えて手でまんべんに(全体に)いくように丁寧に混ぜる。
4 蒸し器にぬらした蒸し布を敷き、そこにもち米を広げて包み、強火で20分蒸す。
5 大きめのボウルに4のもち米をあけ、温めた打ち水をしゃもじで混ぜる(写真①、②)。米一粒一粒に色をつけるように丁寧に行なう。2の小豆を加えて全体を混ぜる(写真③)。
6 再び蒸し器に戻し、さらに20分蒸す。沸騰したらやや火を弱めて蒸す。半分蒸されているため、強火で蒸すと仕上がりがベトッとする。
7 蒸し上がったら、大きめのバットに移し、さっくりとほぐし、乾かないよう布巾をかぶせておく。

◎冷たい打ち水を入れると、米が半生なので冷たくなって、蒸すのに時間がかかるため、温めてから入れる。

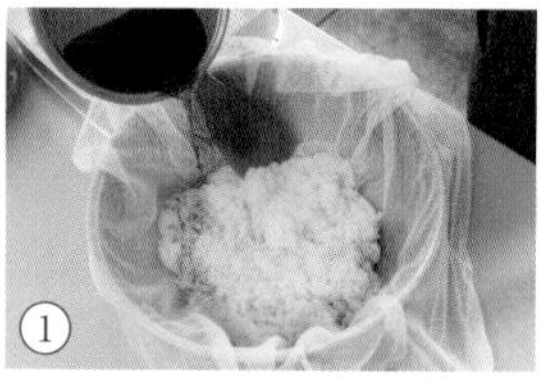
①

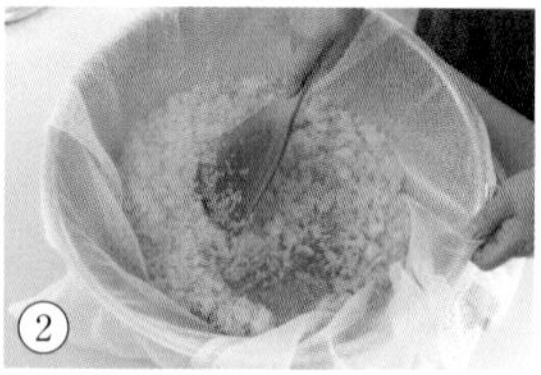
②

③

撮影／五十嵐公

〈岩手県〉

まんませんべい

県北で田植えのときに持って行ったのが、南部せんべいにおふかし（赤飯）をはさんだまんませんべいです。農作業の合間にも手軽に食べられることなどが理由ですが、ご飯をはさんでなじませることでパリパリのせんべいがしっとりした食感になり、もちもちとしたご飯との組み合わせが楽しいものです。南部せんべいの黒ごまと塩けが、ごま塩の代わりにもなってご飯とよく合います。

県の最北端に位置する二戸《にのへ》市は面積のほとんどが丘陵地で、ヤマセが吹く厳しい気候のため昔からそば、あわ、ひえなどの雑穀や小麦が栽培されてきました。小麦粉を水で練って型に流して焼く南部せんべいはおやつに食べられていましたが、農作業のこびる（休憩）には南部せんべいを皿の代わりにして、煮つけ（野菜などがたくさん入った煮物）をよそってせんべいごと食べていたそうです。

ここでは手軽にできるように赤飯ではなく、黒米や雑穀を混ぜた炊きおこわにしました。

協力＝安藤直美
著作委員＝岩本佳恵、長坂慶子

撮影／奥山淳志

＜材料＞ 6個分

黒米…大さじ1/2
┌ 熱湯…大さじ2弱
└ 酢…小さじ1/2
もち米…1合
うるち米…1/2合
もちきび…大さじ1
ひえ…大さじ1/2
水…250mℓ
南部せんべい（ごま）…12枚

＜つくり方＞

1 黒米を洗い、熱湯と酢を加え、1時間吸水させる。
2 もち米、うるち米、もちきび、ひえを一緒に洗う。
3 炊飯器に2と、1の黒米を酢水ごと入れ、分量の水で炊く*。
4 炊き上がったら熱いうちに70g程度のおにぎりをつくり、せんべい2枚ではさむ。
5 ポリ袋やラップなどで包み2〜3時間おき、なじませる。

*炊飯器に「おこわ炊き」モードがあれば、その1.5合の目盛りの水で炊く。

〈秋田県〉

てんこ小豆の赤飯

古くは冠婚葬祭では黒米で炊いた色つき飯が用意されていました。やがてそれに代わって豆の煮汁で染めたもち米が赤飯としてつくられるようになりましたが、秋田では伝統的には「てんこ小豆」と呼ぶささげの一種（黒ささげともいう）を用いてきました。小豆は胴割れしやすいことから、切腹に通じて縁起が悪いとする説もあるようで、そんなことも関係してきたのかもしれません。今では小豆でつくる赤飯も多くなりましたが、てんこ小豆を使うと、黒紫色の色つやのよい赤飯ができます。

てんこ小豆は農産物直売所や一部のスーパーなどで入手可能です。県内全域で栽培されていますが、栽培に手間がかかるわりに収量が少なく、またそもそも赤飯をつくって食べる習慣も減りつつあるので、継承が危ぶまれます。赤飯は隣近所に配るので1升単位でつくるのが当たり前でしたが、そんなにはつくれない、配れないという家庭でも半量などにして気軽につくってもらいたいものです。

協力＝なるせ加工研究会（代表：谷藤トモ子）
著作委員＝熊谷昌則

撮影／高木あつ子

<材料> 1升分*

もち米…1升(1500g)
てんこ小豆…100g
砂糖…130g
塩…20g
酒…大さじ2(30g)

*5合でつくるときは、材料を半分にする。

てんこ小豆。ささげの一種

<つくり方>

1 洗ったもち米を一晩、水に浸し、ザルにあげて水きりする。
2 てんこ小豆は洗って、水3ℓ（分量外）を加えて煮る。煮立ってきたら200mℓの差し水（分量外）を加え、弱火で八分通りのやわらかさになるまで煮る。
3 2が冷めたら、煮汁（写真①）とてんこ小豆に分け、約600mℓの煮汁をとりおいたあと、水きりしたもち米をボウルに移し、残りの煮汁すべてを加え2時間程度浸す。煮汁がもち米にかぶらないときは、水を加えて調整する。
4 とりおいた600mℓの煮汁に、てんこ小豆、砂糖、塩、酒を加え鍋でひと煮立ちさせる。
5 蒸し器にぬらしたさらしを敷き、もち米を移し、約30分強火で蒸す。いったんもち米をボウルに移し、4を加えて均等によく混ぜる。
6 もう一度、蒸し器に戻して、蒸気が上がってからさらに約10分強火で蒸す。蒸し上がったらボウルに移し、粗熱をとる。

花豆おこわ 〈群馬県〉

大きな花豆（べにばないんげん）を入れた赤飯は、県北西部の山間に広がる高原地域の嬬恋村《つまごい》で、祝儀、祭礼、農休み（毎月15日）や来客などの特別の日につくられてきたものです。皮が薄くてほくほくした食感、3㎝以上にもなる大きな花豆の甘煮が上にのった姿は圧巻で、みんなに喜ばれます。嬬恋の中でも古くからの住人が多い干俣《ほしまた》、田代、鎌原地区では花豆の甘煮がもてなし料理のひとつであり、これで赤飯をつくりました。

今でこそ高原野菜の産地として有名ですが、嬬恋は夏が冷涼で日中の温度差が大きく、かつては土もやせていました。このような厳しい自然環境の中で実るのが花豆で、地域では古くから自家用に大切に栽培されてきました。おいらんのかんざしに似たきれいな紅色の花が咲くので、年配の人はおいらん豆とも呼んでいます。大正時代に隣接の六合村《くに》（当時）で試作され、全国から訪れる草津温泉客らが購入し、そのおいしさが知れわたりました。

協力＝海野西五郎、干川シズ子、土屋茂次
著作委員＝永井由美子

＜材料＞ 4人分

もち米…3合（480g）
打ち水
- 花豆のゆで汁*…150mℓ
- 酒…大さじ1少々
- 塩…ひとつまみ（1g）

花豆の甘煮…中粒16粒程度（150g）

*「花豆の甘煮のつくり方」参照。

＜つくり方＞

1 もち米をといで、花豆のゆで汁に一晩（6時間以上）浸す。
2 蒸す30分以上前にザルにあげ、もち米の水けをきる。
3 蒸気の上がった蒸し器に水でぬらしてかたく絞った蒸し布を敷き、もち米を広げ、真ん中をくぼませて強火で20分蒸す。
4 打ち水の1/3量程度を均一にふりかけて10分蒸し、残りの1/2量程度の打ち水をふる。10分したら残りの打ち水をして合計40〜50分で蒸し上げる。蒸し上がる5分ほど前に花豆の甘煮を上にのせる。
5 蒸れて水っぽくならないように、蒸し布ごと飯台に移し冷ます。うちわであおぐとつやが出る。
6 蒸し布をとり、重箱や器に入れる。

花豆の甘煮のつくり方

1 花豆300gを洗い、一晩以上おいてしわがのびるまで水に浸す。水は1日たったらとり替える。
2 浸しておいた水を捨て、新しく花豆が十分に浸る量の水を入れて、沸騰させゆでこぼす。
3 花豆が十分に浸る量の水を入れ、落とし蓋をして軽く沸騰する程度の火加減で30分ゆでる。火を止めたら着せ蓋をして3時間ほどおき冷ます。このときのゆで汁は米の浸水や打ち水に使うので、冷蔵でとっておく。
4 豆がやわらかくなり、ゆで汁が澄むまで**3**を繰り返す。
5 ゆで汁をすべて捨て、鍋に残った花豆に砂糖300gをまぶし一晩おく。
6 翌日そのまま火にかける。塩1gを加え、沸騰後10分煮たら火を止め、そのまま冷ます。

◎豆をゆでるときは落とし蓋をして、冷ますときはさらに鍋の蓋をして（着せ蓋）、自然に冷めるまで待つ。温度が急激に下がると花豆の皮が破れるので、途中で鍋の蓋を開けないこと。

撮影／高木あつ子

〈埼玉県〉

栗赤飯

県西部、日高市で「おくんち」につくられる赤飯です。おくんち（御九日）とは秋祭りのことで、10月9日が初くんち、19日が中のくんち、29日をしまいくんちといいます。19日は高麗《こま》神社で獅子舞の奉納があり、各家では赤飯、煮しめなどを重箱に詰めて親戚などに配ります。正月や節句などの祝いごとに赤飯を蒸してふるまうことが多いですが、おくんちでは秋にとれた栗を入れた栗赤飯をつくります。昔は、駒寺地域では10月16日の夜を「宵《よい》くんち」といい、大人も子どもも神社にお籠《こも》りをする習慣があり、珍しい菓子をいただきながら、楽しい一夜を過ごしました。現在では、お籠りする習慣はなくなりましたが、そのときに食べていたお菓子は今も宵くんちには食べられているようです。

埼玉県は落葉果樹の栽培に適し、県西部は栗の主産地です。昔から、各農家には栗の木があり、実った栗を使って栗赤飯をつくりました。最近は、うるち米を混ぜて炊飯器で手軽につくります。

協力＝日高市食生活改善推進員協議会
著作委員＝木村靖子

撮影／長野陽一

＜材料＞ 4人分

もち米…3カップ（480g）
ささげ…1/3カップ（50g）
栗…200g
ごま塩…適量

＜つくり方＞

1. ささげは5倍量の水（分量外）であらかじめかために煮て、煮汁をとっておく。
2. 栗は皮ごとゆでて、皮をむく。
3. もち米は洗って一晩、ささげの煮汁につける。煮汁は水を補って4カップとする。
4. もち米は水をきる。その際、つけていた煮汁はとっておく。
5. もち米、ささげ、栗を混ぜ合わせ、蒸し器で30〜40分蒸す。蒸し始めから10分後、20分後、2回に分けて、4の煮汁で打ち水をする（1回につき大さじ2〜3）。
6. 赤飯を盛りつけ、ごま塩をふる。

撮影／長野陽一

＜材料＞ 5人分

もち米…1kg
ささげ…30g
もちあわ…200g
ごま塩…適量

＜つくり方＞

1 ささげを洗い、たっぷりの水を入れてゆでる。煮立って5分ほどしたら豆をザルにあけ、ゆで汁をとって冷ましておく。
2 新しく水を入れ、ささげをかために煮る。
3 もち米を洗い、1のゆで汁に一晩つける。
4 あわを洗い、一晩水につける。
5 もち米、あわをそれぞれザルにあげ、よく水をきる。もち米をつけておいた水（コズ）はとっておく。
6 蒸し器にぬらした布巾を敷き、もち米を入れ平らにする。上にゆでささげ、あわをのせる。
7 鍋に湯を沸かし、蒸し器をのせて蒸す。20分ほどしたら箸でところどころ穴を開け、全体にコズ1〜2カップを回しかけてさらに15分ほど蒸す。もち米が指でつぶれるようになったら、かき混ぜてできあがり。鍋の湯が少なくならないよう、途中で湯を足す。
8 器に盛り、ごま塩をかける。よそに持って行くときは重箱に入れる。

〈東京都〉

あわふかし

黄色いもちあわがきれいな赤飯は、山梨と埼玉の県境にある奥多摩町で食べられてきたものです。この地域は山間部で稲作ができないため麦やそば、あわ、きびなどの雑穀が多くつくられ、普段はひき割りの大麦を混ぜた麦めしなどの雑穀めし、秋にはさつまいもや栗を入れて楽しみました。子どもたちは甘いさつまいもだけを選んで食べたりしました。

祭りや入学祝いなどのお祝いごとには赤飯をつくり、ふかしたての赤飯は何よりのごちそうでした。今は蒸し器や電子レンジで手軽に温めることができますが、保温ジャーもない昔、温かいというのもごちそうだったのです。米が貴重なのであわが3分の1ほど入るときもありましたが、あわの黄色があざやかで美しく、子どものときは見ただけでとてもおいしく感じられました。お茶うけとして地域の人寄せの会合に持って行っても喜ばれましたが、あわは脱穀の手間がかかるので、最近は栽培する人はほとんどいなくなっています。

協力＝望田千恵子、大串久美子
著作委員＝大久保洋子、香西みどり

赤飯

〈神奈川県〉

赤飯はお祝いの料理と思われがちですが、神奈川県の一部の地域では伝統的に葬儀にもふるまわれてきました。

赤飯は赤色が邪気を払うとされ、赤米にそのルーツがあるといわれています。赤飯はデイクなどと呼ばれるお椀の形をした大型の容器に入れて葬儀に持参しました。神奈川の民俗地図(神奈川県立博物館)によれば、この風習は県内各地でみられたようです。伊勢原では、昭和40年代までデイクを持ち回りで管理し、葬儀のときに赤飯を入れて持参したそうです。秦野《はだの》でも高齢者の葬儀には子どもや親戚、懇意の人々、仲人《なこうど》親としてお世話になった夫婦(仲人子)が持参しました。最近は「蒸し物代」として金一封になったそうです。赤飯は通夜ぶるまいや葬式のお世話をしてくれた人への食事になり、清めの食物と解釈されていたそうです。

赤飯に入れる豆が小豆かささげかについては地域によって異なります。伊勢原では腹割れする小豆を使わず、ささげでつくります。

協力＝柏木菊江、青木房江、大森ノリ子
著作委員＝大越ひろ、櫻井美代子

赤飯を大きなお椀形のデイクに入れて蓋をして、木の箱に入れて天秤で担いで運んだ(伊勢原市小稲葉)

撮影／五十嵐公

<材料> 10人分

もち米…1升(1500g)
ささげ…225g(米の15%)
水…1350mℓ(ささげの6倍量)
黒ごま、塩…適量

<つくり方>

1 ささげに浸るくらいの水(分量外)を入れ、約1分沸騰させ、ゆでこぼす(渋切り)。
2 1のささげに分量の水を入れ、沸騰したら15〜20分ゆで、ザルにあげる。ゆで水は冷ます。
3 もち米を洗い、ゆで水に5〜6時間つける。米が浸らないときは水を足す。
4 もち米をザルにあげ、2のささげを混ぜる。つけ水は残し、ふり水に使う。
5 蒸気の上がった蒸し器にぬらした布巾を敷き、4を入れ中心を少しへこませる。
6 強火で40分蒸す。途中、約10分したらもち米にふり水(1カップ程度)をまんべんなくかけ、その後、10分おきに1〜2回ふり水をする。ふり水の回数によって赤飯のかたさが決まる。
7 蒸し上がったら桶などに移し、冷ます。
8 器に盛り、ごま塩をふる。

撮影／高木あつ子

<材料>つくりやすい分量

もち米…1kg
金時豆…100g
しと*
- 醤油…大さじ4
- みりん**…大さじ4
- 水…130mℓ

白ごま…適量

*しと(湿)の分量は、米の容量の2割(米1升に2合)を目安とし、好みのやわらかさにするために加減する。

**砂糖に替えてもよい。その場合は大さじ2にし、水を大さじ4(60mℓ)増やす。

<つくり方>

1 もち米はといで、一晩水につける。
2 金時豆はややかためにゆでておく。
3 米をザルにあげ、水けをよくきる。
4 蒸気の上がった蒸し器に、かたくしぼった蒸し布を敷き、米を入れ、真ん中にくぼみをつけて、蒸し布の残り部分を米の上にたたみかけ、強火で蒸す。蒸気が上がってから20分蒸す。
5 大きめのボウルに、しと用の調味料と水を合わせる。
6 しとを打つ。しとの中に蒸し上がった米と2の豆を移し、手早く均一に混ぜる。
7 6を蒸し用の布に戻し入れる。真ん中にくぼみをつけ、4同様に蒸し布の残り部分をかけ、10〜15分蒸す。
8 器に盛り、ごまを添え、食べるときにふる。

〈新潟県〉

醤油おこわ

豆は金時豆で、ご飯をほんのり染めているのは醤油の色です。もち米のしっとり感に醤油の香りと味で口当たりがよく、これだけでおいしく食べることができます。中越地区でも長岡市近辺のみでつくられ、この地域で赤飯といったらこの醤油おこわのことです。

長岡は城下町で、江戸時代初期に初代藩主が三河地方から醤油職人を連れてきたことから醤油おこわが始まり、庶民に伝わったといわれています。小豆やささげは胴割れしやすいので、切腹のイメージを避けて胴割れしにくい金時豆を使ったということです。年配者は四季を問わず、祝儀、不祝儀、日常でも頻繁につくります。祝いごとには重箱に詰めて親戚や近所に配り祝い合って交流を深めています。長岡地区外の人が結婚式に招かれた折に茶色のご飯が引き出物で驚いたという話も聞かれます。

豆の他にもいろいろな具を入れた醤油味の五目おこわもよくつくります。郷土料理の講習会でもよく教えられるものです。

協力＝毛利彰子、金内テル、小林直子
著作委員＝松田トミ子、山田チヨ

〈山梨県〉
甘納豆の赤飯

　市販の甘納豆で甘く味をつけ、食紅で着色した赤飯です。甲府市、笛吹《ふえふき》市、甲斐市、南アルプス市や県北部などでつくられていますが、同じ地域でも甘くない赤飯を食べる家もあります。スーパーでも販売されており、和菓子屋では両タイプの赤飯を扱い、客に希望を聞いて提供しています。つくるのは普通の赤飯より簡単で、甘納豆の量を調節することで甘さの違う赤飯ができます。食事以外におやつとしても食べられています。甘納豆は小豆を使うことが多いですが、小豆がなければ、金時豆の甘納豆を使うこともあります。

　甲府市で育った70代の人は、幼少の頃から母親が誕生日につくってくれたそうで、煮物、味噌汁、なまりやかれいの煮魚と一緒に食べました。その後、人生の節目には自分でつくるようになり、今でも月1回はつくっています。友人たちの集まりにお茶うけとして持参することもあります。食事に出すときは、赤飯が甘いので、今は刺身を添えることが多いそうです。

協力＝榎本道子　著作委員＝時友裕紀子

撮影／高木あつ子

＜材料＞ 4人分

もち米…500g
水…1600mℓ（米が水面から出ない程度）
食紅…付属のスプーン1杯（0.1g）
市販の甘納豆*
…60〜70g（甘くしたい場合は増やす）
ごま塩…適量

*甘納豆は小豆をよく用いるが金時豆の甘納豆でもよい。

＜つくり方＞

1 もち米を洗い、6〜7時間水に浸す。その際、同時に食紅を少量の水または湯で溶かして加える。食紅は好みで量を調整する（写真①）。
2 米をザルにあげ、水をきる。
3 沸騰した蒸し器に米を広げ、上に甘納豆を散らす（写真②）。
4 30分ほど、強火で蒸す。小さい蒸し器の場合は加熱中に水が不足するので注意する。
5 火を止め、めしと甘納豆を軽く混ぜる。
6 やわらかさをみて、かたい場合は上からふり水（分量外）を200mℓ程度かけ（写真③）、15〜20分弱火で蒸す。
7 めし茶碗に盛り、ごま塩をかける。

①

②

③

〈福井県〉

いも赤飯

　県東部の内陸で、石川県や岐阜県と接する大野市は「上庄《かみしょう》さといも」の産地です。畑は砂質で排水がよく、盆地で昼夜の温度差が大きいので、でんぷん含量が高く煮くずれしにくい里芋ができます。いも赤飯は、もちもちとした赤飯と、味がしみてねっとりと煮えた里芋が合わさり食べごたえがあります。

　秋、浄土真宗の祖・親鸞《しんらん》聖人《しょうにん》の徳を慕う「報恩講《ほうおんこう》」で親戚を招き、とれたばかりの里芋を入れたいも赤飯でもてなします。春には里芋の植えつけで種芋の株を外すと、小芋が多く残ります。それでいも赤飯をつくり、春祭りに親戚を呼んでふるまいます。

　いも赤飯には小粒な里芋の方がおいしいといいます。薄皮を残すと煮くずれしにくいので、レシピでは皮をむかず包丁でこそげとる方法を紹介しています。地元では里芋専用のいも洗い器を持つ家も多いそうです。大野市は、米がとれる地域ととれない地域に分かれ、米が貴重な地域ではとくに里芋の利用が発達したようです。

協力＝齋藤博子
著作委員＝谷洋子、佐藤真実

撮影／長野陽一

＜材料＞15〜20人分

もち米…1.5kg
小豆…1カップ
里芋（小粒）…500g
- 醤油…大さじ2
- 砂糖…大さじ3
- 酒…小さじ2
- みりん…大さじ1と1/2

＜つくり方＞

【前日の作業】

1 里芋は水に数時間つけ、外側の毛をとりのぞいてから、残った皮を包丁の刃を立ててこそげとる（薄皮を残す）。3〜4時間いもを乾かしてから調味料を加えて30〜40分中火で煮ておく。

2 小豆はよく洗い1時間ほど水につけておき、多めの水で炊く。沸騰したら渋切りをし、たっぷりの水で30分ほど中火でかために煮る。煮汁と豆を分ける。

3 洗ったもち米を、粗熱をとった小豆の煮汁に一晩つける。

【当日の作業】

4 もち米をザルにあげ、ザルの中で小豆と混ぜ合わせる。

5 せいろに蒸し布を敷いて、4を入れ、上に1の里芋をのせ強火で1時間、打ち水（約500mℓ、水もしくはあれば小豆の煮汁）をしてさらに1時間蒸す。赤飯（もち）のいいにおいがしてくればできあがり。

6 こね鉢などの大きめの容器にあけ、ほぐすように混ぜる。里芋をつぶさないように丁寧に混ぜる。

〈兵庫県〉

栗入り小豆ご飯

県東部で京都府と接する丹波市でつくられる、もち米とうるち米を混ぜて炊いた赤飯です。名産の丹波栗と丹波大納言小豆がふんだんに入った自慢の一品で、巻きずしやさばずし、小芋の煮物などとともに秋祭りの食卓を飾ります。

秋祭りでは神輿《みこし》が町内ごとにまつられている氏神を回るので、当番に当たった家は、お供え用の栗入り小豆ご飯をつくります。昔からの順番が続いていて、ある町内では26年に1回当たるといいます。当番は物相《もっそう》型で抜いた赤飯を神輿にお供えし、神主に祝詞《のりと》をあげてもらい、お神酒《みき》とともに神輿の担ぎ手や町内の方々にふるまいます。来年は当番だという家では、「小豆はどのくらい入れるときれいだろうか」「もち米とうるち米の割合はどのくらいがいいか」「あそこのおこわは栗が多い」と近所の赤飯のでき具合を観察しながら思案するそうです。

かつて栗の木はどの家にもあって、秋になると子どものおやつになりました。米も小豆もごまも、すべて自家製でした。

協力＝岡田かよ子　著作委員＝本多佐知子

＜材料＞4〜6人分

もち米…1.5カップ（約260g）
うるち米…1.5カップ（約250g）
丹波大納言小豆…50g〜70g
小豆のゆで汁＋水*
　…3〜3カップ強（640g）
栗…中くらい10〜13個(正味約200g)
┌黒ごま…5g
└塩…5〜10g

*小豆のゆで汁＋水は、うるち米×1.5+もち米×1.0と同重量にする。

丹波大納言小豆と丹波栗

＜つくり方＞

1 小豆を洗って鍋に入れ、かぶるくらいの水（分量外）を入れて火にかけ、沸騰したら火を弱め、4〜5分ゆでて渋切りする。
2 小豆を鍋に戻し、800mℓほどの水（分量外）を入れて火にかける。沸騰したら小豆の皮が破れないよう豆がおどるくらいの火加減でゆでる。
3 小豆に火が通ったら豆とゆで汁を分ける。ゆで汁は発色をよくするために、玉じゃくしですくい落としながら冷ます。
4 栗は鬼皮、渋皮をむき、大きければ2つに切る。
5 米を手早く洗い、水きりして炊飯器に入れて、ゆで汁＋水を加える。30分ほど浸し、小豆と栗をのせて白米と同様に炊く。
6 炊き上がった栗おこわを物相型に入れ、正方形に抜く。
7 ごまは焦がさないように、3粒ほどプチプチとはねる程度に炒って塩を混ぜ、器に盛った栗おこわにふりかける。

◎炊くときに、塩を小豆のゆで汁の中に入れる場合は、米の1.5%加えると、ほのかな塩加減になる。その場合は、いただくときにかけるごま塩の塩をごまの半量ほどに控えればよい。

物相型は底がとれる枡の形をしていて、持ち手のついた蓋で型抜きする

お供えした赤飯は、こうして皆でひと口ずつ食べる

撮影／高木あつ子

〈岐阜県〉

栗おこわ

県東部で長野県に接する東濃《とうのう》で、中山間地域の恵那《えな》市や中津川《なかつがわ》市は栗が名産です。現在は栽培されている栗がほとんどですが、昔は山で拾ってくる自然からの贈り物でした。季節になるとみな競って山栗を拾いに出かけ、かち栗にしたりご飯に炊きこんだものです。

赤飯にも栗をたっぷり入れます。鬼皮と渋皮をむいて2〜3割の砂糖をまぶしてから生のまま冷凍すると2〜3年保存できるため、たくさん冷凍しておき、栗の季節ではないときでも、来客時などのおもてなしに使います。調味の際に砂糖を入れるのは、砂糖を入れることでやわらかさが保たれ、冷めてもかたくならずおいしく食べられるからだそうです。

栗おこわは誕生日や入学祝い、秋祭りなどのハレの日や来客時によくつくりました。「力が出るから」と運動会の弁当の定番にしていた家庭もあります。隣近所からのおすそ分けもしばしばでした。人生の節目ごとに赤飯を蒸し、その喜びを分かちあいました。

協力＝中林京子、村上賀子
著作委員＝山根沙季

撮影／長野陽一

<材料> 10人分

もち米…1升
むき栗…500g
小豆…100g
小豆のゆで汁
…片手2〜3杯（米が色づく程度）
砂糖…20g
塩…15g
酒…150mℓ
湯…30mℓ

<つくり方>

1 米は洗って、1日水に浸してザルにあげ、約1時間水けをきる。
2 栗は、鬼皮と渋皮をきれいにとり、2つまたは4つ切りにして2時間ぐらい塩水（約1%、分量外）につけアクを抜く。
3 小豆はかためにゆでて、ザルにあげる。ゆで汁は残す。
4 蒸し器に布巾を敷き、米を45分ほど蒸す。
5 半切りに蒸した米を移し、小豆、小豆のゆで汁、栗を入れて混ぜ合わせ、再び蒸し器に入れて20〜25分強火で蒸す。
6 砂糖、塩、酒を混ぜ合わせる。
7 蒸し米に九分通り火が通ったら、半切りにあけて6の調味料と湯を手早く混ぜ合わせ、もう一度蒸し器に入れてやわらかくなるまで蒸す。

撮影／長野陽一

<材料> 4人分

もち米…400g
小豆…60g
ごま砂糖
- 白ごま…大さじ2（18g）
- 砂糖…大さじ1（9g）
- 塩…少々

<つくり方>

1 小豆は洗って、水からゆでる。
2 最初のゆで汁を捨てた（渋切り）後、再度水を加えて小豆がやわらかくなるまで煮て、ザルにあげる。この煮汁は捨てずに冷ます。
3 もち米を洗い、2の煮汁に1～2時間つける。
4 もち米をザルにあげ、ゆでた小豆と混ぜ合わせる。蒸気の上がった蒸し器に蒸し布を敷いて入れ、もち米が約2倍になるまで蒸す（約1時間）。
5 途中、10分程度の間隔で4～5回打ち水をする。米を浸しておいた小豆の煮汁を1回に大さじ3程度、もち米の上から回しかける。
6 ごまを炒ってすり、砂糖と塩を加えて混ぜる。
7 蒸し上がった赤飯を器に盛り、ごま砂糖をかけていただく。

赤飯〈徳島県〉

　四国の東端にある鳴門市近辺では、赤飯にごま塩ではなくごま砂糖をかけます。県内でもごま砂糖を使うのは鳴門だけで、他の地域ではごま塩です。江戸時代、鳴門は全国でも有数の塩田地帯として開発が進んだところで、昭和47年に塩田が廃止されるまで塩が生産されていました。そのため手に入れやすい塩に対して砂糖は貴重品で、祝いごとの赤飯に砂糖を使ったようです。結婚式の膳や引き出物、出産などの祝いごとだけでなく、学校給食でも赤飯にはごま砂糖が用意され、店で売っている赤飯にもごま砂糖が添えられています。

　ごま砂糖をかけた赤飯はごまの風味と砂糖の甘さでまるでおはぎを食べているようで、わずかに入っている塩が甘味をさらに引き立たせてクセになるおいしさです。もち米、小豆、砂糖の組み合わせはおはぎなどの菓子類と同じですが、この赤飯はあくまでも〝ハレの日の主食〟として地元で受け継がれています。

協力＝秋田孝子、小川佐和子
著作委員＝松下純子、坂井真奈美

甘赤飯

〈高知県〉

県南西部の幡多《はた》地方は甘口の醤油を好む甘口文化圏とされており、海からやや内陸に入ったところにある三原村には、小豆を甘く煮て煮汁ごと混ぜた甘い赤飯がありま す。平地は少ない地域ですが、米や小豆、金時豆、ささげなどを昔からつくって自給してきました。

甘赤飯は噛むほどに砂糖の甘味が口に広がり確かに甘いのですが、お菓子とは違う控えめな甘さ。れっきとした赤飯の味わいがします。昔は砂糖が貴重で甘いことがごちそうだったので、赤飯を甘くしたのだろうと地元では考えられています。宴席の一品にするほか、昭和30年代半ばになると砂糖はもう少し日常的な調味料で、出産祝いなどの来客の手土産に赤飯を持たせることもよくありました。

田んぼ仕事は村内で、今日はあそこ、明日はあちらと順に手伝い合いました。田植え作業の合間など、疲れた体が欲する甘いものとして食べることもあったそうです。

協力＝武内三子、阿部あけみ
著作委員＝福留奈美

撮影／長野陽一

<材料> 6〜8人分

もち米…5合（900g）
小豆…1/2合（90g）
砂糖…2/3カップ（90g）
塩…ふたつまみ

<つくり方>

1 もち米は洗って一晩水につける。
2 小豆は1回ゆでこぼして渋切りしたあと、3カップ程度の水を加えて火にかける。煮立ったら弱火で30分ほど加熱し、ゆで汁は1/3になるまで、豆は少しかたさが残るくらいになるまでゆでる。砂糖の半量を加えてさらに10分ほど煮てやわらかくする間に、煮汁がひたひたになるまで煮つめる。最後に砂糖の残りと塩を加えて火からおろして冷ます。
3 もち米の水をきり、強火の蒸し器で15分蒸す。
4 蒸し布ごともち米をとり出し飯台にのせ、**2**の小豆を甘い煮汁ごともち米にかけて全体を混ぜる（写真①）。
5 **4**を再び蒸し器に戻し、強火で15分蒸す。
6 飯台に蒸し上がった赤飯をあけ、均等に混ぜ合わせる。

<材料>つくりやすい分量

もち米…2合（300g）
小豆…30g
むき栗…140g
砂糖…25g
塩…小さじ1弱（5g）

<つくり方>

1 もち米は洗って、一晩吸水させ、翌朝水けをきる。
2 小豆は水からゆでて、ゆでこぼす。再びたっぷりの水を加え、七分くらいのかたさに煮る。このゆで汁は打ち水用にとっておく。
3 栗は砂糖をまぶし、市販の甘露煮程度のやわらかさになるまで蒸す。
4 **2**の小豆のゆで汁を100mℓほどとり、塩を混ぜて溶かす（打ち水）。
5 蒸気が上がった、蒸し布を敷いた蒸し器にもち米を入れ、蒸気が抜けるように中央はくぼませて、約20分蒸す。蒸し始めて10分ほどしたら1回目の打ち水（大さじ4ほど）をして天返しする。
6 10分後に**2**の小豆を加え、もち米がかたいときは2回目の打ち水をして天返しする。栗をのせ、さらに20分ほど蒸す。
7 蒸し上がったら桶などにあけて全体を混ぜ、ぬれ布巾をかけて蒸らす。

撮影／戸倉江里

〈佐賀県〉

栗入りせっかん

県西部の焼き物の里、有田で、煮ごみ（里芋や根菜と小豆、栗の煮物）や鯛の煮ふたち（尾頭つきの煮つけ）、甘酒とともに代表的なおくんち料理です。「せっかん」は赤飯のことです。

有田の町をあげての祭り「おくんち」は、陶山《すえやま》神社（八幡宮）の例祭として始まり毎年10月に行なわれてきました。その年の当番区の人々が、陶磁器産業の発展や家内安全を願う踊りを披露しながら回ります。神馬や御所車も出てにぎわいました。区の名士が注連元《しめもと》となり祭りをとりしきりました。

食い道楽の町としても知られる有田なので、大皿にきれいに盛りつけたごちそうを、家々の玄関先に並べ、道行く人々や踊り子さんたちに声をかけてふるまいました。これは自慢の器を披露する楽しみもあったのです。ふるまい用のせっかんは、食べやすいように木製の物相《もっそう》型で末広がりにくり抜いたりおにぎりにしました。踊り子さんたちの口紅が落ちないようにという気遣いなのだそうです。

協力＝原口恭子、西山美穂子
著作委員＝萱島知子、武富和美、西岡征子

黒《こく》飯《はん》〈茨城県〉

醤油ぶかしとも呼ばれる、醤油味のおこわで、北茨城市の平潟と大津で食べられている弔事の精進料理です。それぞれ、漁港のある海に面した地域です。いっぽう、同じ北茨城市内でも内陸部では、弔事に食べるのは「白ぶかし」というもち米にゆでた白いんげん豆を入れて蒸したもので、海岸と内陸の文化の違いが見られます。県北の多くの地域（ひたちなか市、那珂《なか》市、大子町《だいごまち》、常陸大宮市など）では、弔事は白ぶかしです。白ぶかしのつけ合わせは、油揚げ、厚揚げの煮たもの、きんぴらと決まっています。また、東北から北海道でも「黒飯」が食べられていますが、これはもち米と黒豆を蒸したもので、ここで紹介した黒飯とはまた違うものです。

今では葬儀は斎場でやることが増え、あまり家庭でつくられなくなりましたが、黒飯に新巻き鮭のほぐし身を入れて日常的に食べる家もあるようです。地域によっては白ぶかしのように白いんげん豆が入ることもあります。

協力＝北茨城市食生活改善推進員協議会
著作委員＝渡辺敦子

＜材料＞ 4人分

もち米…3合

A
- 醤油…大さじ2
- 酒…大さじ1
- 水…大さじ1

＜つくり方＞

1 もち米を洗い8時間から半日（一晩）水につける。
2 蒸す30分から1時間前にザルにあげる。
3 蒸し器の下段にたっぷりの水を入れ沸騰させ、上段に蒸し布を敷き、もち米を入れ蒸し布で包み、蒸し器に蓋をして強火で7〜8分蒸す。
4 Aは混ぜておく。蒸し布ごと蒸し器からもち米をとり出し、ボウルに移してAを回しかけてむらなく混ぜる。さらに蒸し器に蒸し布を敷き直し、もち米を戻して7〜8分強火で蒸す。
5 蒸し上がったら蒸し布ごとボウルに移し、余分な蒸気を飛ばす。
6 器に盛りつける。

◎もち米が2〜3升の場合、蒸し時間は前蒸し20分、後蒸し20分で計40分程度が適当だが、3合ではやわらかくなりすぎるため蒸し時間は短くする。また2〜3升の場合は調味料も10倍になるため、つくり方の**4**では、調味料は大きなボウルに入れ、蒸し布ごと浸して味をつける。

白ぶかし

白ぶかし（白ふかし）も黒飯同様に弔事の際に出される

＜4人分のつくり方＞

1 もち米400gを洗い、たっぷりの水に一晩つける。
2 白いんげん豆50gを洗い、かためにゆでる。
3 蒸し器に蒸し布を敷いてもち米と豆を入れて強火で蒸す。
4 15分したら、打ち水（水400mℓに塩小さじ1を溶く）をしてひと混ぜする。
5 さらに10分蒸し、かたいようならもう1回打ち水をして蒸す。
6 少しかためで火を止める。白ごまのごま塩をふる。

◎打ち水はひたちなか市では水と塩だが、笠間市では薄めた酒に塩を使う。そうするとしっとりして甘味が出るため。

油揚げ、厚揚げ、きんぴらは、白ぶかしのつけ合わせ

撮影／五十嵐公

〈富山県〉

白ごわい

　富山県の葬式や法事につくられる黒豆が入ったおこわで、県東部ではよく知られています。「ごわい」はおこわのことで、「強飯《こわいい》」からきており、他に「みたま」「黒豆おこわ」ともいいます。

　かつて慶事用のおこわは、正月や出産や結婚のお祝い用には小豆やささげの赤飯、その他祭りなどの行事には黒豆や金時豆のおこわという豆の使い分けもあったのですが、近年は慶事全般に赤飯や金時豆ご飯を使うようになり、黒豆はおもに白ごわいで使われています。浄土真宗では、「命は仏に生まれかわる」という考え方があり、法事でもめでたい赤飯が出されることもありますが、多くは色を控えた白ごわいが出されるそうです。もち屋だった家では、法事の日はたくさんの白ごわいを蒸かすため、その日の昼食は熱々の白ごわいのおにぎりだったといいます。

　昔からいなきびを栽培してきた県北東部の旧宇奈月《うなづき》町（現黒部市）では、秋には黒豆入りの「きびおこわ」をつくる習慣があります。

協力＝雪山俊隆、石谷悦男
著作委員＝原田澄子、守田律子、深井康子

撮影／長野陽一

＜材料＞4人分

もち米…500g
黒豆…1/4カップ（もち米の12〜20%）
┌砂糖…大さじ3
└塩…小さじ1/2
打ち水
┌水…200mℓ
└塩…1.4g（水の0.7%ほど）

＜つくり方＞

1　もち米は4時間ほど水につける。
2　黒豆は、5倍ほどの水（分量外）に5〜6時間つける。黒豆をつけ水ごと火にかけて、途中で泡をこまめにとり弱火で煮る。かためにに煮上がったら砂糖、塩を加えてひと煮立ちしたら火を止める。
3　煮えた黒豆は、しわにならないように煮汁につけて冷ます。
4　1をザルにあけ、新しい水をかけてさっと洗い、よく水をきる。
5　蒸し器にぬれ布巾を敷き、4を平らに広げて強火で15分蒸す。1回目の打ち水（約120mℓ）をし、8分蒸したら2回目の打ち水（約80mℓ）をする。さらに7分蒸して計30分ほどで蒸し上がり。
6　5が熱いうちに、3の黒豆を煮汁をしっかりきって混ぜる。

◎かためが好みなら、打ち水は1回でもよい。打ち水の量も好みで加減する。

〈静岡県〉
落花生のおこわ

落花生というと炒ったものが一般的ですが、富士山南西麓にある富士宮《ふじのみや》ではゆで落花生にします。夏から秋に出回る生の落花生を殻のまま塩ゆでにするもので、甘味があってやわらかく、炒り落花生とは全然違う味わいです。生の落花生は日持ちがしないので、その時期だけのおやつやおつまみとして昔から親しまれてきました。地元の言い伝えでは、江戸時代に富士川の河川敷で栽培していた落花生を参勤交代の大名行列が煮て食べたとされ、富士宮はゆで落花生発祥の地といわれています。

このゆで落花生を小豆の代わりにおこわに使うとおいしいのではと、収穫時期に家庭でつくられるようになったのが、落花生のおこわです。脂質を多く含むため、小豆やささげにはない濃厚なコクがあり、またでんぷん質とは異なるねっとりとした豆の食感がおこわの弾力とあいまって、独特のおいしさがあります。隣の富士市では醤油味に炊いたおこわを駅弁に使っている仕出し店もあり、好評だそうです。

協力＝野村陽子、株式会社富陽軒
著作委員＝新井映子

撮影／五十嵐公

＜材料＞4人分

生の落花生…200〜250g
（ゆでた実で80〜100g）
A ┌水…2ℓ
　└塩…小さじ1と1/2
もち米…2合
B ┌水…2カップ
　└食塩…小さじ1/2

＜つくり方＞

1 沸騰させたAで落花生を40〜50分ゆでる。ゆで上がったらそのまま冷まして殻をむき、実をとり出す。薄皮はむかない。
2 もち米を洗い、Bに1時間以上つける。
3 もち米の水をきり、布またはオーブンシートを敷いた蒸し器に中央をくぼませて広げ、もち米の上に1の落花生をのせる。
4 途中でふり水（水でよい）をしながら約30分蒸す。ふり水は、もち米の間を蒸気が通り抜けるようになってから10分後に1/2カップをふる。やわらかいおこわが好みなら、再び蒸気が通り抜けるようになって10分後に2回目のふり水をする。
5 むらなく蒸し上がったら、落花生をつぶさないように軽く混ぜ、茶碗に盛る。

◎落花生はゆで汁の中で冷ます。富士宮では塩味がよくつくように半日程度浸す。

◎もち米とうるち米を半量ずつ合わせ、醤油やみりん、酒、塩で味つけした炊きおこわも手軽でおいしい。

染飯《そめいい》〈静岡県〉

くちなしの実で山吹色に染めたおこわと黒豆があざやかな染飯は、江戸時代から東海道沿いの瀬戸町（現在の藤枝市上青島付近）の茶屋の名物として広く知られてきたものです。足腰を強くし疲労回復によいと評判で、戦国時代の紀行文『参詣道中日記《さんけいどうちゅうにっき》』や、織田信長の一代記『信長公記《しんちょうこうき》』、『東海道中膝《とうかいどうちゅうひざ》栗毛《くりげ》』にもその名があります。江戸時代の米料理の本『名飯部類《めいはんぶるい》』の染汁飯之部《そめめしのぶ》には、煎茶で炊いた茶めしとともにくちなしの実に浸して炊いた染飯が紹介されています。当時は蒸した染飯をすりつぶし、小判形などに薄くして干して乾かし柏の葉に包んで売られたとされ、小林一茶は「染飯や我々《われわれ》しきが青柏」と詠んでいます。

掛川市や牧之原市では昔からハレの日に食べてきており、現在も祭りや祝いごとのときに赤飯と同じ感覚で食べたりするそうです。近年では家でつくることは少なくなっていますが、古い歴史のある地域の伝統食ということもあって、学校給食で出たり、学校の授業で学んだりしています。

協力＝内藤喜子　著作委員＝村上陽子

撮影／五十嵐公

<材料> 4人分

もち米…3合
くちなしの実…1～2粒
色水＋水…540mℓ
酒…小さじ1
塩…小さじ1/2～1
黒豆（甘煮）…適量

<つくり方>

1 もち米を洗う。
2 くちなしの実を洗い包丁で2つに割り、ガーゼに包むか、だしパックに入れて、米とともに水に一晩つける。水が色づいてきたら軽くもみ、さらに色を出す。
3 米をザルにあげる。米を浸しておいた色水はとっておく。
4 炊飯器に米、酒、塩を入れ、**3**の色水と水を合わせて分量の水をはかり入れる。全体を軽く混ぜて炊く。
5 全体をほぐして盛りつける。上に黒豆を飾る。黒ごまでもよい。

◎蒸し器で蒸すときは、米の浸漬に使った色水を打ち水に使う。

◎浸漬用の色水を煮出してつくることもある。くちなしの実を500～600mℓの水とともに中火にかけ、ひと煮立ちしたら火を止める。実をつぶしたあとペーパータオルでこす。また、実を2つに割り、1個を米の浸水用、1個を炊飯用にしてもよい。炊飯用の色水は煮出してつくる。

◎黒豆の煮方：水6カップを煮立たせ、砂糖200g、醤油大さじ1、塩小さじ1/2を入れて火を止める。熱いうちに洗った黒豆2カップを入れ5～6時間おく。鍋を中火にかけ、沸騰前に火を弱めてアクをとり除く。差し水約1/2カップを加え、再び煮立ててアクをとり除く。この作業を2～3回繰り返し、落とし蓋と鍋の蓋（外蓋）をして弱火で約5時間煮る。やわらかくなったら火を止め、そのまま一晩おく。

〈兵庫県〉

白《しら》むし

ふっくらと蒸し上げられた真っ白いおこわにつやつやと光る黒豆が映えます。口に入れると意外にしっかりしたおこわの食感に驚きます。噛みしめるとあっさりした塩味の中にもち米の甘さと黒豆の旨みが広がります。

県南西部の中心都市・姫路市で、瀬戸内海に面する網干《あぼし》区近辺では、男の子の5月の初節句に白むしと柏もちをつくって重箱に入れ、親戚や近隣に配りました。蓋をあけると白むしが3分の2ほど詰めてあり、3分の1は柏もちが並んで、白むしのきれいな黒豆と柏もちのコントラストが印象的でした。白むしは法事という印象がありますが、ここでは地域で子どもの成長を見守るつながりの象徴でした。黒豆は新しいものを選んで、やわらかくツヤよく仕上げました。

白むしは男の子が生まれたときにも配ったという話もあります。女の子のときは炒り大豆の割り豆といりこを炊きこんだ醤油味の「ならじゃご飯」を配りました（既刊「炊きこみご飯・おにぎり」参照）。

協力＝垣口とみ子、坂上生活研究グループ
著作委員＝作田はるみ

撮影／高木あつ子

＜材料＞4人分

もち米…400g
黒豆…カップ1/3
塩…小さじ1/2
つけこみ用の塩水
- 水…3カップ
- 塩…小さじ2

＜つくり方＞

1. もち米は洗って4時間以上水につけておく。
2. 黒豆は洗って一晩水につけておく。豆がふっくら戻れば、浸るほどの水（分量外）と塩を加えて落とし蓋をして中火でやわらかくなるまで煮る。煮汁が少なくなったら、途中で水を加える。豆がやわらかく煮上がれば煮汁をきる。
3. もち米の水をきり、蒸し布に包んで強火で30分蒸す。もち米が指でつまんでつぶれるようになれば、蒸し布ごとつけこみ用の塩水につける。引きあげて再び蒸し、およそ5分でもち米の表面につやが出てきたら蒸し上がり。
4. おこわ（蒸したもち米）と黒豆をむらなく混ぜ合わせる。

◎黒豆を煮るときは、表面がしわにならないように、煮汁に常につかっている状態にしておく。

◎おこわと混ぜるときに黒豆の煮汁をしっかりきって、おこわの白さを生かす。

〈大分県〉

みとりおこわ

お盆や仏事につくられる料理の代表として古くから受け継がれてきたおこわです。ささげの一種で「みとり豆」という県北部でつくられる希少な豆を使っています。

福岡県と接する中津市耶《や》馬《ば》溪《けい》地域は、古くから山間の郷として開けた農山村であり、その歴史は先史時代まで遡ることができます。昭和30年頃には田んぼのあぜで大豆や小豆やみとり豆などを栽培していました。みとり豆はお盆に間に合うように5月に種をまき、7月末～8月上旬に収穫されてきました。

お盆や仏事に使われてきたのは、濃い紫色が出てきれいに炊けることと、実が割れない、つまり〝身代われない〟とかけてのことです。道の駅や農協の直売所などで、およそ年間を通じて購入できます。お盆前になると「初盆があるから」「帰省する子どもたちに食べさせたいから」と地元の人が買い求めています。最近では、破れずきれいに炊けるので、祝いごとの赤飯にも小豆代わりに使われるようになっています。

協力＝窪田エツ子　著作委員＝麻生愛子

撮影／戸倉江里

＜材料＞5人分

もち米…3合
みとり豆…50g
みとり豆のゆで汁…100～150mℓ
塩…小さじ1

＜つくり方＞

1 もち米は一晩水に浸す。
2 みとり豆は、少しかためにゆでる。ゆで汁は捨てずにとっておく。
3 もち米とみとり豆を混ぜて、湯気の上がった蒸し器にかける。20分程度たってから、2のゆで汁に塩を加えた打ち水を1～3回ぐらいに分けてかけ、むらのないようによく混ぜる（蒸し上がってから混ぜると、みとり豆がくずれてしまう）。
4 打ち水をしてから、さらに20分程度で蒸し上がる。
5 蒸し布ごとかかえて、おこわを別の大きな器に入れ、全体を軽く混ぜ合わせる。

◎打ち水をするときは、火傷をしないように弱火にするか、一度火を止めてもよい。

<材料> 6人分

【白おこわ】
もち米…2カップ
水…2カップ

【黄おこわ】
もち米…1カップ
水…1カップ
くちなしの実…1/3個

- 小豆またはささげ…240mℓ(200g)
- 水…400mℓ
- 砂糖…100g
- 塩…小さじ1弱

<つくり方>

1 くちなしの実を砕き、水と鍋に入れて火にかけ、黄色い色が出たらこす(黄おこわ用浸漬液)。
2 もち米をそれぞれ2時間以上(一晩でもよい)、白おこわは水に、黄おこわは1に浸す。
3 もち米をそれぞれザルにあけ、浸した水は打ち水用にとっておく。せいろに蒸し用の布巾を敷き、2色のもち米を少し離して入れ、強火で30分蒸す。途中10分ごとに2回ほど、まんべんなく白と黄それぞれに打ち水をする。
4 小豆は一度ゆでこぼし、新しい水400mℓを入れ、やわらかいが煮くずれない程度に煮る。水が多いとつぶれやすいので、あんこよりも水は少なめで煮る。蓋をして水が減ったら途中で足す。最後は水がわずかになるまで強火で煮つめて火を止める。
5 小豆に砂糖を入れ、鍋をゆすって打ち返すか、または豆がつぶれやすいので、そっとしゃもじで混ぜながら煮る。塩を加えてそっと混ぜながら、味をしみこませる。
6 大皿に、白おこわ、黄おこわ、煮た小豆を混ぜないで盛りつける。食べるときにおこわと小豆を混ぜて食べる。

撮影／五十嵐公

〈愛媛県〉

おこわ

もち米だけを蒸したおこわと、煮小豆あるいは煮たささげを別々に盛りつけるのが特徴で、おこわをくちなしで黄色に着色することもあります。もち米は昔は貴重品だったので、結婚式などの祝儀には飯が赤い「赤飯」を、お盆や法事などの弔事には飯が赤くない「おこわ」を食べました。お盆には集まった親戚にふるまいますが、夏は小豆がいたみやすいので、もち米と小豆を別々に調理して盛り、また小豆は濃く味つけして腐りにくいように配慮をしました。

昔は小豆ではなく、ささげをよく用いていました。今治市の野間(乃万)地区は農業がさかんで、かつてはもち米、ささげも栽培してきました。ささげは皮がかたいので、形がくずれにくく仕上がりがきれいなので好まれましたが、明治以降になると、北海道などの小豆が出回るようになり、ささげの栽培は自家用程度に減ってしまいました。小豆がやわらかくてほんのり甘いのに対し、ささげはプチプチ感とわずかに渋みがあり、つくる人の好みで使い分けられています。

協力＝八木頼子　著作委員＝香川実恵子

〈青森県〉

ごまおこわ

もち米に半ずりのごまをたっぷり加えて醤油、砂糖で味つけしたもので、ごまご飯、ごままんまとも呼ばれます。昔から神社の祭りや、その色からお盆や精進料理としてつくられていました。津軽地方の中でも、弘前、黒石の中南津軽は米がよくとれる穀倉地帯で、日常的にもち米を使った料理がつくられています。また、甘く味つけたご飯は、もてなしのひとつで、甘い赤飯、甘いいなりずし、甘い巻きずしなどもあります。

ごまおこわはごまの油分と砂糖でご飯がツヤツヤと光っており、その上に季節の枝豆や栗、さつまいもを添え、それらが彩りや味のアクセントとなっています。蒸しているとごまのいい香りが漂ってきて食欲をそそります。もちもちしたご飯にごまのコクや醤油と砂糖の甘じょっぱい味がよく合います。小豆を煮たり、米を色づけたりする手間がかからず、普通の赤飯より短時間でできるため、日常的にもつくられており、うるち米を半分ほど混ぜる炊き方もあります。

協力＝吉田すずか、工藤良子
著作委員＝北山育子

撮影／五十嵐公

＜材料＞ 8人分

もち米…5合
黒ごま…50g
栗の甘露煮…100g
打ち水
- 水…200mℓ
- 醤油…50mℓ
- 砂糖…40〜50g
- 塩…小さじ1/5

＜つくり方＞

1 もち米は洗って一晩（5時間以上）水に浸す。
2 黒ごまは炒ってから、すり鉢で粗めにする*。
3 打ち水用の調味料を混ぜておく。
4 もち米の水けをきる。
5 蒸し器にぬらした蒸し布を敷き、4を平らになるように入れて強火で蒸す。30分蒸したら大きめのボウルにあけて熱いうちにごま、打ち水をかけよく混ぜる。
6 5を蒸し器に戻し、15分蒸す。
7 かたさを確認してからバットにとり出し、あおいでつやを出す。器に盛りつけ、半分に切った栗を飾る。

*ごまのすり加減は家庭ごとさまざま。好みでよい。

撮影／奥山淳志

<材料> 4人分

もち米…2カップ（350g）
黒ごま（すりごま）…40g
すと（打ち水）
- 醤油…大さじ1
- 水…大さじ4
- 砂糖…大さじ1と1/2
- みりん…小さじ1
- 酒…小さじ1

鬼ぐるみ…10g

<つくり方>

1. もち米をよく洗い、一晩水につける。
2. もち米の水をきり、ぬらした布巾を敷いた蒸し器に入れる。湯がたぎり、十分に蒸気が上がったら30分程度蒸す。
3. すとの材料を鍋に入れて火にかけ、砂糖を溶かす。沸騰しなくても砂糖が溶ければよい。
4. 蒸したもち米をボウルにあけ、**3**の半量をふり（すとを打つ）、切るようにして混ぜる。ごまをもち米全体にまぶし、残った**3**をかけ、またよく混ぜる。
5. 再び蒸し器で15分程度蒸す。
6. 器に盛り、刻んだくるみをまぶす。

〈岩手県〉

ごまぶかし

すった黒ごまをたっぷりと入れた、ほんのり甘いおふかしです。北上盆地の中心にある北上市では昔はどの家庭でも畑にごまを植えていて、秋にごまがとれると必ずごまぶかしをつくり、黄色い菊の花をちらしました。ひな祭りにもよくつくり、春は菊がないのでくるみをちらしました。

北上市では打ち水をすることを「すとを打つ」といいます。もち米を蒸している途中で出して、調味液をかけてから再び蒸すことでよく味がしみこみます。ふわっとやわらかくなるように、酒とみりんを少々加えるそうです。ごまは、白いご飯が見えなくなるぐらいにたっぷりと入れるのが、おいしさの秘訣です。

見た目は真っ黒ですが、ごまの風味が香ばしく子どもからお年寄りまで喜ばれるので、ちょっとした集まりにもつくりました。赤飯をつくるには小豆を買わなければなりませんが、ごまやくるみはいつも家にあるので手軽につくることができました。

協力＝桑原文子、北上市食生活改善推進員協議会　著作委員＝佐藤佳織、阿部真弓

〈福島県〉

山菜おこわ

会津地方は県西部に位置し、山々に囲まれています。山では数多くの山菜やきのこがよく育ち、昔から大切な食材でした。わらび、ぜんまい、こごみ、ふきなどがよく利用されます。塩漬けや乾燥などして長期保存できるので、季節を問わず卵とじにしたり、じゅうねん（えごま）味噌で和えたり、くるみ和え、炒め物などさまざまな料理法で食べられています。

春は多くの新鮮な山菜がとれる時期で、山菜おこわやたけのこご飯などが春のごちそうになります。山菜おこわは祝いごとがあればよくつくりました。かつては自分で山菜をとりに行き、乾燥や塩漬けもすべて自家製でしたが、最近は市販品も豊富で水煮パックもあるので、手軽につくれます。

いろいろなつくり方がありますが、ここで紹介しているのは南会津町で教わった、ふり水をせず途中で山菜の煮汁を混ぜる方法です。その家ではこれがいちばんおいしいといい、山菜おこわには一緒に甘く味つけした厚焼き卵を食べるのだそうです。

協力＝馬場イネ子　著作委員＝加藤雅子

撮影 / 長野陽一

＜材料＞20人分

もち米…1升
山菜*（水煮）…500g
きのこ**（水煮）…160g
にんじん…150g
油揚げ…5枚
醤油…160mℓ
酒…大さじ3
みりん…大さじ3
塩…小さじ1
油…大さじ3

*わらび、ふきなど。
**ひらたけ、なめこ、椎茸など。

＜つくり方＞

1 洗ったもち米を2時間以上水につける。
2 山菜ときのこはひと口大、にんじん、湯通しした油揚げは短冊切りにして油で炒め、材料に火が通ったら調味料を加え、さっと煮る。煮汁は煮つめずに残す。
3 1のもち米を強火で蒸かす。
4 蒸かして約25分したら、米を一度ボウルなどの器にあけて、2の山菜などを煮汁ごと加えてよく混ぜる。蒸し器に戻して、再度15分蒸かし、火を止める。

◎途中で煮汁を混ぜるので、ふり水はしない。

◎よそうときに甘栗やぎんなんを混ぜたり、飾りに添える家庭もある。

〈山梨県〉

富《とみ》沢《ざわ》こわめし

奥州南部氏発祥の地である南部町は県最南部に位置し、面積の大半が山林で、温暖で雨量が多く寒暖の差が少ない地域です。富沢は、南部町の中でもたけのこ栽培がさかんな地域の旧町名で、特産のたけのこ、保存食のわらびやずいきなど、身近な食材を使ったおこわがつくられてきました。多種類の食材をとり合わせているので彩りが美しく、また豊かな食感が楽しめ、冷めてもおいしくいただけます。毎年4月に開かれる「たけのこ祭り」でも販売されています。

たけのこは、ゆでて細切りにしたものをザルに並べて天日干しすると、干したけのことして保存できます。春の野山のわらびはアクを抜いてびん詰めや冷凍して、秋に収穫した里芋の茎は乾燥させてずいきとして保存しておくので、たけのこの収穫期である春はもちろん、1年を通して日常的にもつくります。具も、ぜんまいや味の出るじゃこ、枝豆の代わりに銀杏を使うなど、そのとき、その季節にあるものに替えて楽しみます。

協力＝佐野孝子、鍋田順子、栗田恭子、佐野さとえ　著作委員＝柘植光代

撮影／高木あつ子

<材料> 10人分

もち米…6合
つけ汁
- 水…6合
- 酒…1合
- だし用昆布…長さ10cm×2枚
- 醤油…1合

干し椎茸…5枚（20g）
ゆでたけのこ…小1本（150g）
にんじん（細め）…1本（100g）
ごぼう…1本（80g）
A
- 干し椎茸の戻し汁…1カップ
- 酒、醤油、砂糖…各大さじ2

わらび（水煮）…300g
ずいき（乾燥）…30g
油…大さじ1
B
- 酒、醤油、砂糖…各大さじ1

ゆでたむき枝豆…100g

<つくり方>

1 もち米を洗って水をきり、つけ汁に一晩つける。
2 干し椎茸は戻して細切り、たけのこは細かく切り、にんじんはいちょう切り、ごぼうはささがきにする。これらをAで煮汁がなくなるまで煮る。
3 わらびは熱湯にくぐらせて水をきり、3～4cmに切る。
4 ずいきは水で戻し、さっとゆでて2cmに切る。油で炒め、Bで煮汁がなくなるまで煮る。
5 米をザルにあげ、つけ汁と分ける。米を蒸し器に広げ、つけ汁は「ほど（打ち水）」としてまず約半量をふりかけ、強火で30分蒸す。
6 5の米の上に2、3、4を合わせてのせ、残りの「ほど」をふりかけて、強火でさらに30分蒸す。
7 6を木桶にあけて全体を混ぜる。上から枝豆を散らす。

◎たけのこでは干したけのこでもおいしい。つくり方は、ゆでたけのこを薄く切り細切りにし、天日に干す。水に1時間ほどつけて戻し、ゆでてから使う。あるいは、生たけのこを同様に切り、たけのこ1kgに大さじ1の塩をまぶし、天日に干す。冷蔵庫で保存し、使うときは水から10分ゆでる。

〈鳥取県〉

大山《だいせん》おこわ

鶏肉、ちくわ、栗、にんじん、ごぼう、干し椎茸などを味つけして煮た具をもち米と一緒に蒸しあげたおこわです。中国地方最高峰・大山は山岳信仰、神仏習合の霊場で、地元の人が参拝客などを精進料理で接待しており、その携帯食として大山おこわがあります。かつて僧兵が戦場に赴く際、勝利を祈願して山鳥と山草を入れた米飯を炊き出したのが始まりとされています。明治時代には大山寺近くの博《ばく》労座《ろうざ》で年に2回牛馬市が開かれており、食事や土産、大山参りの弁当としてもふるまわれていました。

大山おこわという名前がついたのは明治以降です。その昔、大山山麓は汗《あせ》入り地区と呼ばれていたため「汗入りおこわ」といい、祭りなどには、家庭で食べられ、客へのお土産にもしました。具に地元の山菜、きのこ、たけのこ、銀杏などの季節の食材を加えることもあります。ここで紹介したレシピは5人分ですが、地元ではこの分量は4人分に相当するようです。

協力＝荒金恵美子、浅田妙子
著作委員＝松島文子、板倉一枝

撮影／五十嵐公

＜材料＞5人分

もち米…4合
鶏もも肉…120g
にんじん…40g（1/3本）
ごぼう…80g（1/2本）
干し椎茸…8g（4枚・戻して40g）
あご野焼き*…大きめのもの1/2本
むき栗…120g
砂糖…大さじ1強（10g）
塩…小さじ1/6（1g）
うす口・濃口醤油…各小さじ2
みりん…大さじ1と1/3
酒…小さじ2
だし汁（かつお節と昆布）＋椎茸の戻し汁…120mℓ

*あご（飛魚）のちくわ。あご野焼きは、普通のちくわより大きいことが多い。

＜つくり方＞

1 もち米を前日から浸漬させる。
2 干し椎茸を水で戻す。戻し汁はとっておく。
3 もち米をザルにあげて水をきる。
4 鶏肉は1.5cm角、にんじんはいちょう切り、ごぼうは細かいささがき、干し椎茸はせん切り、野焼きは4つ割りにし5mm厚さに切る。栗は皮をむき、半分に切る。
5 鍋に油（分量外）をひいて鶏肉を炒め、4の残りの材料と調味料、だし汁を加えて煮含める。具と煮汁をザルにあげて分ける。
6 蒸し器でもち米のみ約10分蒸す。米を手びねりしてやわらかくなっていれば、大きなボウルに移す。
7 5の具と煮汁120mℓを加えて手早く混ぜ、再度蒸し器で20分くらい蒸す。

〈鳥取県〉

しょうのけおこわ

撮影／五十嵐公

<材料> 5人分

もち米…400g
鶏もも肉（若鶏）…90g
椎茸*…小4枚　舞茸…50g
ごぼう…20g　にんじん…70g
塩蔵たけのこ**…塩出ししたもの50g
塩蔵わらび**…塩出ししたもの30g
うす口醤油…大さじ1強（16mℓ）
濃口醤油…大さじ1強（16mℓ）
酒…大さじ1と1/3弱（19mℓ）
砂糖…大さじ1と2/3（15g）
油…適量

*干し椎茸小3枚でもよい。
**たけのことわらびは水煮で代用できる。

<つくり方>

1. もち米を前日から浸漬する。蒸す30分前にザルにあげ、水をきる。
2. 鶏肉を細く切って油で炒め、砂糖を入れてよく炒める。
3. ごぼうはささがきに、椎茸は薄切りに、舞茸は椎茸と同じくらいの大きさに手で裂く。
4. **2**に**3**を加え、醤油、酒を入れて中火で煮て、味をつける。
5. **4**が八分程度煮えたら、いちょう切り（または短冊切り）にしたにんじん、小さく切ったたけのこ、わらびを加え、煮汁がほとんどなくなるまで煮る。
6. **5**をザルにあげて、**1**のもち米に具を混ぜる。蒸し器に移し、蒸気が上がり始めてから25〜30分蒸す。
7. 蒸し上がったら火を止め、かたいようなら酒または湯大さじ2〜3（分量外）を一面に打ち、再度蒸気が上がるまで強火で蒸す。

しょうのけとは「塩気」のことで、醤油で味つけした風味豊かなおこわをしょうのけおこわといいます。五目おこわ、味つけおこわとも呼ばれ、県内各地でつくられています。鳥取県ではごちそうとして季節の具材を入れた変わりご飯がよくつくられますが、しょうのけおこわもその一つです。普段のごちそう、またお客さんへのもてなし料理にすることが多く、ほかにも祭り、農耕儀礼、運動会、七夕などの行事食としても親しまれています。ごぼう、油揚げ、にんじん、鶏肉、たけのこ、椎茸、山菜など地域でとれる季節の食材を使うため、バリエーションは多彩です。うるち米を使う炊きこみご飯、「しょうのけめし」もありますが、おこわのほうがおいしいという人が多いです。

地域によって地名や特徴を表現した名称で呼ばれることもあり、各地に「○○おこわ」があります。このレシピは倉吉市の関金《せきがね》町でつくられてきたもので「関金おこわ」と呼ばれています。

協力＝JA鳥取中央女性会関金支部
著作委員＝松島文子、板倉一枝

〈岡山県〉

蒜山《ひるぜん》おこわ

真庭市北部、鳥取県との県境に位置する蒜山高原一帯でつくられているおこわです。鶏肉に野菜、山ぶきなどの山菜や栗が入った具だくさんのごちそうで、素材の旨みと醤油の風味が上品です。田植え後のねぎらいの集まり「代満《しろみ》て」や祭り、行事、祝いごとなど、なにかあれば決まってつくられます。最近では食べものが出る地域のイベントでも人気で、多くの人に親しまれて定着しています。

県境を越えてほど近い、鳥取の大山《だいせん》山麓でつくられてきた大山おこわが先輩ともいわれており、大山おこわのような名物を目指して昭和30年代に生まれました。地域おこしの中から生まれて家庭料理にまで広まった料理といえるでしょう。40年代からは栄養改善の目的で麦を入れて炊くようにしたところ、食べると軽く、粘りすぎずに扱いやすいと好評で、現在まで続いています。蒜山は昼夜の寒暖の差が激しく火山灰の土壌で野菜づくりに適しています。そんな土地から得られた食材をふんだんに使用しています。

協力＝湯槙将文　著作委員＝藤井わか子

＜材料＞ 8人分（1人200g程度）

もち米…700g
押し麦…1/2合（70g）
鶏もも肉…100g
にんじん…80g
山ぶき…100g
ごぼう…100g
油揚げ…1枚
干し椎茸…18g
しば栗（山栗）…正味100g
油…大さじ1

A
- 水（椎茸の戻し汁）…35mℓ
- 醤油…大さじ3
- 砂糖…大さじ1と1/2
- みりん…大さじ2
- 塩…大さじ1/2弱（7.5g）

＜つくり方＞

1. もち米は一昼夜水に浸す。麦も約1時間水に浸す。
2. 鶏肉は1.5cmの角切り、にんじんはいちょう切り、山ぶきは1cm長さの小口切り、ごぼうはささがき、油揚げは油抜きして3cmの短冊切り、椎茸は戻してせん切りにする。
3. 鍋に油を熱し鶏肉を炒め、ごぼう、椎茸、山ぶきを入れて、Aを入れて煮る。沸騰したら油揚げを入れ、さっと煮てから火を止める。ザルにあげ、煮汁をとり分ける。
4. もち米ににんじん、麦、栗、3の具を加えて混ぜる。
5. 蒸気の上がった蒸し器に敷布を敷き4を入れ、15分蒸す。一度ボウルに入れて、混ぜる。再び蒸し器に戻し（写真①）、強火で10分蒸す。おこわの中まで箸をさし、芯の残った米がないかを確認し、芯がなくなるまで蒸し上げる。
6. 仕上げに5に3の煮汁の90〜100mℓを2回に分けてふりかけて（写真②、③）、それぞれ3分ほど蒸し上げる。
7. 器に移し、全体を混ぜて、平らに盛りつける。

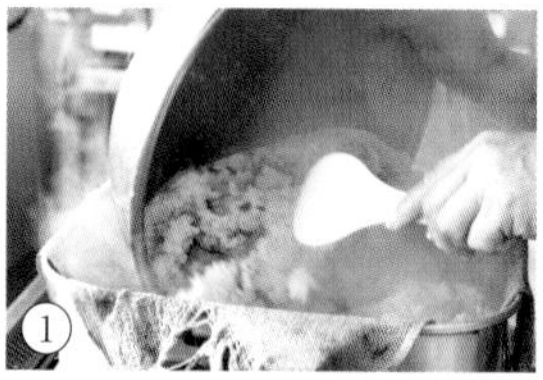

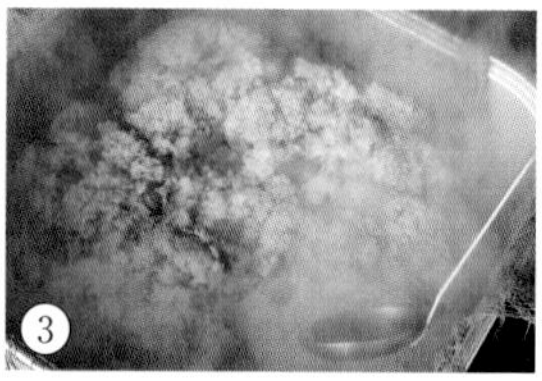

撮影／長野陽一

〈岡山県〉

くまやま栄養おこわ

県の南東部に位置する赤磐《あかいわ》市は県内有数の米どころです。その中で旧熊山町では黒大豆も特産で、「丹波黒大豆」と呼ばれる品質の高い大豆がつくられています。県内では美作《みまさか》市など勝英《しょうえい》地域の「作州黒《さくしゅうくろ》」が同じ丹波黒大豆で先に知られていたので、熊山地域の黒大豆をもっと普及しようとする動きの中で「くまやま栄養おこわ」が生まれました。

もともと、熊山地域の住民にとって黒大豆は自慢の豆でしたが、煮豆と味噌が主な利用法でした。昭和30年代から県北の「蒜山《ひるぜん》おこわ」が有名になり、県内の栄養委員（食生活改善推進員）もそれぞれ影響を受け、熊山では黒大豆入りの具だくさんのおこわがつくられるようになっていきました。黒大豆に肉や野菜が加わり、一品で栄養満点だと「くまやま栄養おこわ」の名がついたのは昭和55年頃からのことで、県の「ふるさとまつり」に出品したり一人暮らしの高齢者への宅配弁当にしたりすることで次第に定着し、町の名物になりました。

協力＝杉本睦子、森本登志江
著作委員＝槇尾幸子

撮影 / 長野陽一

＜材料＞8人分

もち米…3カップ
うるち米…1カップ
黒大豆…50g
鶏もも肉…120g
ちくわ…1本（100g）
干し椎茸…中4枚（8g）
こんにゃく…1/2枚（100g）
ごぼう…1/4本（50g）
にんじん…1/2本（50g）
ゆでたけのこ…30g
油…大さじ1
砂糖…大さじ1と1/2
塩…小さじ1
醤油…大さじ1と1/2
干し椎茸の戻し汁…1カップ

＜つくり方＞

1 もち米とうるち米は洗って一晩水につける。黒大豆も洗って一晩水につける。
2 鶏肉は細切りにする。
3 ちくわは半分に切って小口切り、干し椎茸は水で戻してせん切りにする。
4 こんにゃくは短冊に切って、水からゆでてゆでこぼす。
5 ごぼうはささがきにして水にさらす。
6 にんじん、ゆでたけのこはせん切りにする。
7 米以外の材料を油で炒め、砂糖、塩、醤油で調味し、椎茸の戻し汁を加えて煮る。
8 煮えたら、具と汁を分けてとり出す。煮汁は打ち水に使うのでとっておく。
9 米と黒大豆の水をきり、敷布を敷いた蒸し器の中に入れ、よく沸騰した湯にかけて蒸す。湯気が上がってから約30分蒸し、中まで蒸せていたら煮汁を2/3くらい打ってさらに10〜15分蒸し、もう一度残りの煮汁を打って蒸す。
10 蒸し上がったら、具をおこわに加え混ぜる。

本書で登場する豆

本書には、いろいろな豆と米の組み合わせが見られます。赤飯に小豆やささげはもちろんですが、白いんげんや金時豆、その地域の在来種の入ったおこわもあります。登場した豆の一部を、ここに集めてみました。

撮影／五十嵐公

小豆

マメ科ササゲ属。北海道がおもな産地で、粒の大きい大納言は兵庫県、京都府でも栽培される。赤以外に、茶色、黒、白がある。

→p51 大師粥、p80 赤飯、p91 いも赤飯、p92 栗入り小豆ご飯、p94 栗おこわ、p95 赤飯、p96 甘赤飯、p97 栗入りせっかん、p105 おこわ

みとり豆

マメ科ササゲ属。ささげの一種。かつての豊前国（ぶせんのくに）、福岡県や大分県で栽培される。盆前にとれるので夏小豆ともいう。

→p104 みとりおこわ

てんこ小豆

マメ科ササゲ属。小豆ではなく黒ささげのことで、秋田県でこう呼ばれる。「天向小豆」「天甲小豆」と書くこともある。

→p83 てんこ小豆の赤飯

黒大豆

マメ科ダイズ属。産地は北海道、大粒の丹波黒を栽培する兵庫県、岡山県など。おせち料理に欠かせない。

→p100 白ごわい、p102 染飯、p103 白むし、p114 くまやま栄養おこわ

ささげ

マメ科ササゲ属。小豆とは種が違う。産地は愛知県、千葉県、岡山県などの暖地。へその周りに輪状の目がある。

→p61 かぼちゃずうしい、p86 栗赤飯、p87 あわふかし、p88 赤飯、p105 おこわ

白いんげん

マメ科インゲンマメ属。北海道がおもな産地。白いいんげん豆としては大福（おおふく）豆（写真）、手亡（てぼう）などがある。

→p98 白ぶかし

甘納豆（小豆、金時豆）

やわらかく煮た豆を砂糖蜜につけ、甘く煮詰める。そのままつやを出して仕上げたものと、砂糖をまぶしたものがある。

→p79 甘納豆の赤飯、p90 甘納豆の赤飯

金時豆

マメ科インゲンマメ属。北海道がおもな産地。写真は大正金時。栽培しやすく、日本で栽培されるいんげん豆の2/3を占める。

→p89 醤油おこわ

花豆

マメ科インゲンマメ属。ベニバナインゲンのことで、いんげん豆とは種が違う。白い花豆もある。産地は北海道、東北地方、長野県、群馬県などの寒冷地。

→p84 花豆おこわ

米をおいしく大切に ご飯とおこわの多様性

本書に掲載されたご飯やおこわ87品を比較すると、食材の使い方や調理法にその料理ならではの特徴や地域特性が見えてきます。レシピを読んで、つくって、食べるときに注目すると面白い、そんな視点を紹介します。

●どんぶり・ぶっかけのパターンいろいろ

産地ならではの新鮮な魚をのせたご飯は、それだけでごちそうです。たとえば鮮度のよいものしか生食できないしらすをご飯にのせた静岡の生しらす丼（p14）。神奈川のしらす丼（p11）も、レシピでは釜揚げしらすを使っていますが、昭和40年代に地元で漁師が食べていたのはとれたての生しらすだとあります。

地域ごとに自慢の魚介を使って多彩などんぶりがつくられました。山形・最上川の鮎（p6）、東京は江戸前のあさり（p8）、千葉の房総半島のさざえ（p10）、兵庫の瀬戸内のあなご（p15）、岡山の寒ぶな（p16）、福岡は柳川のうなぎ（p22）など、聞いただけでもおいしそうです。

生もしくはさっと漬けにした魚を茶漬けにする食べ方も広く行なわれています。静岡のあじのまご茶漬け（p13）、徳島のかつおの茶ずまし（p18）、愛媛の鯛めし（p19）や大分の鯛茶漬け（p24）など、茶漬けにすることでだしが出て、即席のスープになるようです。

一方、焼いた魚をすって使う料理は、広島や愛媛のさつま（p17、20）、宮崎の冷や汁（p26）などで見られます。広島では小骨の多いこのしろは斜めに包丁を入れて焼き、することで骨が気にならなくなるといいます。宮崎ではすった味噌をあぶることで香ばしさを加えるのがポイントとしています。広島と愛媛のさつまでも味噌を焼くことがあるそうで、香りを際立たせる効果があるようです。

珍しいのはご飯の下に豪華なおかずが隠れている島根のうずめめし（p31）や広島のうずみ（p32）で、意表をつくごちそうです（写真①、②も参照）。

●とろろは汁かご飯か

本書では愛知、三重、兵庫からとろろご飯（とろろ汁）が紹介されています（p28、29、30）。日常でも食べましたが、愛知と兵庫では正月2日にはかならず食べる風習があり、三重では節分に食べたそうです。愛知では自然薯、三重では伊勢いも、兵庫では丹波山の芋と、それぞれいもにもこだわりがあります。これらはヤマノイモの仲間で、皮をむくときに手がかゆくなるのは、細胞内に存在する針状結晶のシュウ酸カルシウムによります。また、切り口から色が褐変するのは、いもが含むポリフェノールが酸化するためです。酢を加えて酸性にすると、酵素の働きを抑えて褐変を防ぐことができます。

じつは、本シリーズの既刊『汁もの』では自然薯のとろろ汁（静岡）、つぐねいものとろろ

大阪のまむし（レシピ掲載なし）。うなぎのどんぶりだが、うなぎをご飯とご飯の間にはさんで蒸すことから「間蒸し（まむし）」と呼ばれるようになったとの説がある。（著作委員・東根裕子）（撮影／高木あつ子）

ご飯の中からうなぎが現れる。関東のうなぎは素焼きを蒸してからたれをつけ焼き上げるが、関西では素焼き後たれをつけながら焼く。それをごはんの中に入れることによって、ごはんが冷めず、しっかりと焼き上がったうなぎもやわらかくなる。（同右）

汁（岡山）が紹介されています。地元でのとらえ方が「汁もの」とする場合と「ご飯」とする場合があるようです。静岡ではご飯は少なめで、とろろ汁だけをすすることもあるとしています。同じ料理でも食べ方や位置づけが分かれるのはなぜか、興味がわきます。

●茶がゆづくりのコツを学ぶ

茶がゆは和歌山、三重、奈良、山口と香川から紹介されています（p44、46、47、48、49）。「米1合に水1升」（和歌山）といわれるように水の割合が多いのが特徴です。

茶がゆの状態は、どの地域も「さらっとしている」のがよく、べたべたしたものは好まれないそうです。さらっと仕上げるために、米は洗わないか、さっと洗うとしています。かゆの炊き方は、強火でがんがん炊くところもあれば、沸騰したら弱火にしてあまりかき混ぜないように炊くところもあります。煮出した熱い茶で煮ることで、さらっと仕上がるともいわれています。

米を洗いすぎると米の表面部の細胞が壊れて成分が抜け落ちることでやわらかめのめしになります。また、浸漬時間が長くなると粒が膨化し、細胞壁が壊れて崩れやすくなるため、さっと洗うだけにするなどの方法をとっていると思われます。

●日常食の雑炊、ハレ食の雑炊

事典などを見ると、かゆは米から炊いたもの、雑炊はご飯を煮たものと区別している場合もありますが、本書に紹介された、各地で雑炊と呼ぶ料理には米から炊くものも含まれています。愛媛のかに雑炊（p54）、徳島のおみいさん（p56）、長崎のかぼちゃずうしい（p61）、鹿児島のといのずし（p62）です。米から炊く場合でも、米以外の具がいろいろ入ってくると雑炊と呼びたくなったのだと思われます。

雑炊も日常食的なものとごちそうとがあります。島根のもずく雑炊（p60）はあご（とびうお）だしと醤油味で具はもずくだけとシンプルです。沖縄のフーチバージューシー（p63）はかつおだしの味噌味で、具はよもぎだけ。これらはごく日常的な雑炊とされています。

一方、千葉のとりどせ（p52）や鹿児島のといのずしは、行事や集まりの際に飼っていた鶏をつぶしてつくったごちそうでした。徳島の鮎ろうすい（p58）は、夏に近所の人たちで鮎漁をして、みんなで河原でつくって食べる特別な楽しみだったようです。

茶がゆでも雑炊でも、貴重な米を節約するための増量という話が出てきます。徳島のそば米雑炊（p57）は、米は使わずそばの実を米に見立てた「そば米」でつくる雑炊ですが、今では珍しい料理として来客にも好評だということです。

●「半つき」は節約料理でごちそう

うるち米のご飯を半つき（半殺し）にして丸めた食べ方は、本書では東北から信越、中部にかけて紹介されています。茶がゆが近畿を中心に西日本から紹介されるのとは対照的です。

福島のしんごろう（p69）や愛知の五平もち（p76）は、貴重な米をくず米までおいしく食べる方法だったとしています。とにかくご飯がお腹いっぱい食べられるのがうれしく、秋田のだまこ汁（p65）は残りご飯を蒸してついてだまこにし、それを鶏肉やきのこ、野菜の入った汁に入れることで最高のごちそうになったとしています。長野の五平もち（p73）は「五平五合」というほどたくさん食べました。

秋田でもきりたんぽ（p66）になると手間をかけたごちそうで、新米の時期から冬にかけての楽しみです。新潟のやまもち（p70）も新米がとれたら神様に供えてから食べるものでした。

つくり方のコツとして長野でも岐阜（p74）でも、串は乾いたものを使うとあります。濡れているとご飯が落ちてしまうのだそうです。

うるち米だけでつくるのもポイントで、もち米を加えるとやわらかくなりすぎて串から落ちてしまうといいます。ちなみに、既刊『米のおやつともち』では半つきもちのおはぎ（ぼたもち）がいくつも紹介されていますが、ほとんどがもち米だけもしくはもち米とうるち米の混合です。同じ半つきでも、お彼岸や祝いごとなど、やや改まった場のおはぎなどにはもち米を使うことが多いようです。

半つきご飯は、串に刺さないときは丸めるのがつくりやすいようですが、長野ののたもち（p72）のように丸めず茶碗に盛る食べ方もあります。また串に刺すときの写真とつくり方を見ていると、囲炉裏などに立てかけて焼くときは串の頭が出ておらず、U字溝などにわたして焼くときは、串の頭が出るようにつくっているのかとも思われます。

●甘い、栗入り…いろいろな赤飯

本書では北海道から佐賀まで、16種類もの赤飯が登場します。赤飯はどこでも同じと思っていましたが、これほど多様なものかと感心させられます。

北海道と山梨からは、甘納豆を入れて甘くした赤飯が、群馬からは花豆の甘煮を入れた赤飯が紹介されています（p79、90、84）。

豆を甘く煮て、その煮汁も打ち水として使って甘い赤飯をつくるのは青森の赤飯（p80）、秋田のてんこ小豆の赤飯（p83）、高知の甘赤飯（p96）があります。青森では、甘いのは北国の冬を乗り切るエネルギーを補給するためといわれているそうです。高知では砂糖が貴重で甘いことがごちそうだったので赤飯も甘くしたと考えられているそうです。

他にも途中で加える調味液に砂糖を入れる岐阜の栗おこわ（p94）、甘く蒸した栗を混ぜる佐賀の栗入りせっかん（p97）、食べるときにごま塩ならぬごま砂糖をかける徳島の赤飯（p95）もあり、甘い赤飯は決して特殊なものではないようです。

青森と岐阜では、砂糖を加えるとおこわがツヤツヤ光ってもっちりとし、2、3日してもかたくならないなどと書かれています。砂糖は水と結びつく親水性が高く、米の保水力が持続することででんぷんの老化を抑えます。

赤飯に使う豆は小豆が多いですが、小豆の外皮は他の豆よりかたく、へそから吸水して内部が先に膨らむため、胴割れしやすくなります。本書ではてんこ小豆（黒ささげ）や花豆、ささげ、金時豆も使われています（p83、84、86、87、88、89）。豆以外で目立つのが栗入りの赤飯で、埼玉、兵庫、岐阜、佐賀から紹介されています（p86、92、94、97）。実りの秋を告げる楽しみなごちそうでした。

東京のあわふかし（p87）と福井のいも赤飯（p91）は、どちらも米を節約するために雑穀のあわや里芋を入れたもののようですが、あわの鮮やかな黄色は美しく、しっかり味のしみた里芋が入った赤飯は見るからに食べごたえがありそうです。

●シンプルなおこわ、具だくさんなおこわ

赤飯が主に祝いごとにつくられるのに対して、葬儀や法事などでは色味の少ないおこわがつくられてきました。茨城の沿岸部では醤油でうっすらと味をつけた黒飯（p98）が、豆も入れずにつくられます。内陸部では薄い塩味で白いんげん豆を入れた白ぶかしを出したそうです。

富山の白ごわい（p100）はもち米に黒豆を入れた白黒のおこわです。このタイプのおこわを仏事に用いることは比較的多いようですが（写真③も参照）、兵庫のある地域では、同様の白むしが男の子の初節句の祝いで近所に配られるといいます（p103）。

仏事とは関係ないおこわでは、静岡の落花生のおこわ（p101）はゆで落花生を入れたもので、収穫期にしか味わえない甘味とやわらかさがおいしい季節の味です。

やはり静岡の染飯（p102）は、くちなしで鮮やかな黄色に染めたおこわと黒豆との色合いが美しく、江戸時代からあるハレ食です。愛媛のおこわ（p105）でもくちなしで黄色にしたおこわが見られますが、こちらは仏事用で、白と黄のおこわと煮小豆を別々に盛ります。盆の時期に傷みやすい豆を別に調理して、味も濃くしたのだそうです。

青森のごまおこわ（p106）と岩手のごまぶかし（p107）はふんだんにごまを使った贅沢なものです。

比較的材料の種類がシンプルなおこわがある一方で、具だくさんのおこわも各地にあります。山菜がメインの福島（p108）、特産のたけのこが欠かせない山梨（p109）など、地域の産物を乾燥・塩漬けなどで保存し、年中さま

石川のみたま（レシピ掲載なし）。「御霊」が語源ともいわれ、仏事や盆につくられる。建前（上棟式）など建築に関する祝いの際、赤飯は火事を連想するため、赤飯に代えて「みたま」を準備するところもある。きな粉を添えることが多い。（著作委員・新澤祥惠）（撮影／長野陽一）

④ 宮城の五目めし（レシピ掲載なし）。きのこや野菜、油揚げをたっぷり入れる。日常的につくり、うるち米でもつくるが、おこわの方がごちそうになる。おこわの五目めしは皿に盛ることが多い。（協力・早坂とくよ／著作委員・宮下ひろみ）（撮影／高木あつ子）

ざまな行事に、たっぷり使っています（写真④も参照）。

中国地方の鳥取と岡山からは、地名を冠したおこわが多数紹介されています。大山おこわ（p110）、関金おこわ（しょうのけおこわ、p111）、蒜山おこわ（p112）、くまやま栄養おこわ（p114）といった具合です。両県内には他にも地名を冠したおこわが多くあるようです。

●打ち水の方法いろいろ

もち米は炊飯するよりも蒸すことが多く、蒸している途中で打ち水（ふり水）などの方法で水分を補給する必要があることは、p122の「調理科学の目2」にくわしく書かれています。各地で、さまざまな水分補給方法が見られます。

もち米と豆などを蒸し、豆のゆで汁や米のつけ水を何回かに分けて打ち水をするのが群馬（p84）、埼玉（p86）、神奈川（p88）、福井（p91）、徳島（p95）、佐賀（p97）、富山（p100）などです。東京では打ち水のことを「コズ」と呼び（p87）、山梨（p109）では「ほど」と呼んでいます。

一方、上から水をふるのではなく、蒸した米をボウルにとり、新潟（p89）で「しと」、岩手（p107）で「すと」と呼ぶ、調味した水分を混ぜる方法もあります。岐阜（p94）、兵庫（p103）、青森（p106）、福島（p108）、鳥取（p110）も同じで、具だくさんのおこわの場合は具を煮汁ごと混ぜ、再度、蒸し器で蒸します。

●外食から家庭料理へ

本書には、洋食的なメニューも登場します。北海道の豚丼（p34）は、帯広の洋食調理人が昭和初期にうなぎのかば焼きをイメージして完成させたといいます。それが戦後には家庭料理になっていきました。兵庫のかつめし（p35）も、戦後に洋食店から始まったそうですが、家庭に広まるにつれて主婦の知恵で薄切り肉やこま切れ肉でつくるカツが生まれたといいます。豚丼のたれも、かつめしのデミグラスソース風のたれも、家庭にある調味料でつくれるように工夫されています。

カレーライスに、肉を使うことはまだ珍しく、地元で身近に入手できるものが使われました。北海道のほっきカレー（p38）、群馬のするめカレー（p39）、神奈川と京都のさば缶を使ったカレー（p40、41）といった具合です。京都では魚肉ソーセージや油揚げ入りのカレーも好評だったとあります（写真⑤）。

⑤ 京都南部の揚げカレー（レシピ掲載なし）。京都のお揚げはいろいろな料理にうま味とコクを加えた。カレーでも、少し厚みのあるお揚げはカレーを含んでどっしりと存在感がある。（協力・綴喜地方生活研究グループ連絡協議会／著作委員・福田小百合）（撮影／高木あつ子）

昭和30年代は、固形のカレールーが家庭に広まっていった時期になります。当時すでに粉末タイプのカレールーもありましたが、本書ではルーはカレー粉と小麦粉を油でいためて手づくりというレシピが多くなっています。既成のルーを使う場合でもソースやトマトケチャップ、ときには醤油や味噌の味も加えてさまざまな「わが家のカレー」がつくられていたようです。

＊　＊　＊

手軽な既製品があっても、その味にとどまらず、材料や味つけをアレンジし、無数の「わが家の味」が繰り返し、つくられてきました。その中で、やがて地域で好まれ受け継がれていく味が生まれてきたのではないでしょうか。本書で紹介されているのは、そんなたくさんの人の手を経てきた味をつくってみるためのレシピです。ぜひいろいろな味を楽しんでください。

（長野宏子）

調理科学の目 1

米と豆をめぐる最近の研究から

大越ひろ(日本女子大学名誉教授)

本書では、うるち米やもち米のめしの伝統的な食べ方が多彩にまとめられています。ここでは、米の食べ方や豆の使い方などで近年進んでいる研究をみてみましょう。

●粘る米、パラパラの米の食べ方

日本で一般的においしい米とされるのは、炊きあがりにつやとほのかな香りがあり、食べたときに甘みを感じられ、適度な粘りと硬さがあることといわれています。お米の粘りと硬さのバランスを左右するのが米のデンプンを構成しているアミロースとアミロペクチンの比率になります。

うるち米の中では、アミロペクチンの多い米ほど粘りがあり、ほどよい歯ごたえがあります。アミロースの多いお米は硬く、パラパラとしてくっつきません。世界的には米の主流を占めるインディカ米は、主に日本など東アジアで食べられているジャポニカ米よりもアミロースが多い傾向があり、日本でもピラフやチャーハンなどでの用途が広がっています。

食生活が多様化し、さまざまな米料理に適した特性を持つ米の研究・開発が進み、流通するようになりました。そこで、アミロース含量の異なる米の硬さと粘りの特性を調べてみました(※1)。

図に示した4種の米はそれぞれアミロースの含量が異なっています。もち米は、アミロースをほとんど含まず0%です。日常的に食べているうるち米のアミロースの量は、16・2%です。低アミロース米は11・9%、高アミロース米は27・9%のものを用いています。これら4種類の米に等しく1・5倍量の水を加えて炊飯し、テクスチャー特性(硬さと付着性)を測りました。

もっともやわらかかったのがもち米です。逆に、高アミロース米は4倍以上硬いことが図からも示されています。

硬さはアミロース含量に比例して増すことになりますが、粘りを示す付着性に一定の傾向はありません。しかし高アミロース米は他にくらべて極めて粘りの少ない米といえます。つまり、高アミロース米は硬くて粘りが少ないという結果となっています。

低アミロース米の「ミルキークイーン」は、アミロース含量がうるち米「こしひかり」より低いため粘りが強く、冷えても硬くなりにくいという特性があります。白飯として食べる他、おにぎりにしておいしく、胚芽米にしてもパサパサせず、安価でやや粘りけの少ない調理用米や食味が中程度の普通米、超多収米などとブレンドすると、全体の食味を向上させることが期待されます。

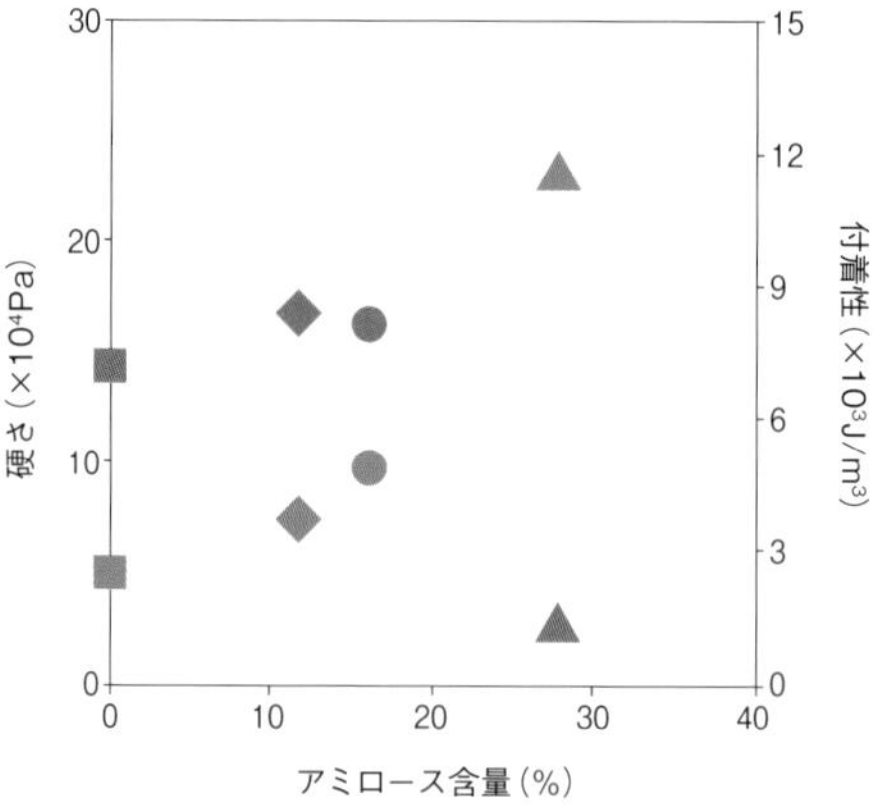

図 4種の米飯のテクスチャー特性値(※1より)

高アミロース米飯(越のかおり):硬さ▲、付着性▲
低アミロース米飯(ミルキークイーン):硬さ◆、付着性◆
うるち米飯(こしひかり):硬さ●、付着性●
もち米飯(ひめのもち):硬さ■、付着性■

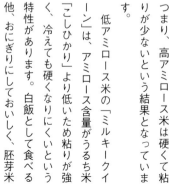

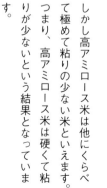

高アミロース米「越のかおり」は、粘りが少ないという特性を利用して、油を用いた料理、すなわち、ピラフ、チャーハン、パエリアといった米料理に適するといわれています。

●色をつける小豆とササゲ

赤飯の色を出すのに、本書では食紅（p79、90）や黒米（p82）、醤油（p89）を使う例がありますが、他の多くは小豆かササゲを使っています。

小豆は儀礼的な場面で、その赤色が厄除け的な意味を持つために多く用いられてきたようです。しかし一方で、岩手県における豆類の調査では、小豆は一年を通じて食べられているので、儀礼的な意味合い以上に生活に密着した食べ物という面も重要といえそうです。岩手県の農書（江戸時代の農業に関する本）に、「小豆は調製、調理が楽で、これを二種類の穀物に加えた混ぜ飯（三穀飯）にするとよい」とあり、米の節約とともに小豆には解毒作用などの薬効的働きがあると信じられていたそうです（※2）。

小豆の利用を全国的に文献から分類する（※2）と、小豆めしが最も多く、赤飯、小豆がゆと続いています。さらに、もちやだんごなどの利用もあります。本書に掲載された料理の中で、小豆を使った赤飯類は西日本で多くみられます。

秋田県で赤飯に用いられる「てんこ小豆」（p83）は、小豆といいますが黒い色のササゲのことです。ササゲはアフリカ原産で、アフリカから東南アジアにかけて生産され、菓子材料などに輸入されています。日本でも収量は少ないのですが、秋田県や岩手県で〝黒小豆〟として栽培されています。

本書では埼玉（p86）、東京（p87）、神奈川（p88）と関東地方の赤飯で、腹割れがしないなどの理由から赤いササゲが小豆の代わりに用いられています。

九州から沖縄にかけては、多くの地域で独特の呼び方で親しまれてきたササゲが確認されていて、赤から黒い豆の色になっています（※3）。この赤や黒の色が小豆の代替として赤飯類の着色に用いられてきました。大分県の「みとりおこわ（p104）」は黒紫色のササゲであるみとり豆が用いられています。沖縄県の宮古島などで、十五夜のもち「ふちゃぎ」に用いられるのも、ササゲであるフーロマミ（〝黒小豆〟）です（※4）。

●色染めご飯の色素は何？

小豆の色といえば赤と思われるかもしれませんが、黒、白などさまざまなバリエーションがあります。黒小豆の黒色はアントシアニンであることが明らかになっていますが、赤小豆に含まれるアントシアニンは極めて微量で、小豆の赤色はアントシアニンでは説明できないようです。

最近、赤い小豆の色素の構造が、アントシアニンの一種であるアントシアニジンとカテキンが縮合したカテキノピラジンA、Bであることが報告されました（※5）。この化合物は、pHを変化させてもほとんど色調が変化しないそうです。このため、小豆あんは「いちご大福」のようにイチゴなどの酸に接しても変色しにくいようです。

先に述べたササゲの色は、主に赤や黒い色です。これらの色素は主にアントシアニンで構成されています。本書でも赤飯に使われている豆の中で、金時豆（p79、89）、花豆（p84）や黒豆（p100、102、103）などの豆はすべてアントシアニン系の色素を持っています。

また、本書では鮮やかな黄色に染めためしが紹介されています。大分県の黄飯（p25）、静岡県の染飯（p102）や愛媛県のおこわ（p105）は、クチナシの実で着色しています。

クチナシの実からとれる黄色の色素はカロテノイド系のクロシンおよびクロセチンです。いずれも天然の添加物として許可されています。

黄色く着色した米飯は日本では珍しいのですが、ヨーロッパではパエリアをサフランで黄色に染めます。また、カレー粉の成分であるターメリックも黄色の天然色素です。

アントシアニン系の天然色素は抗酸化性や視機能の改善作用が研究されてきています。また、クチナシやサフランのクロセチンもカロテノイド系の色素で、抗酸化性が知られています。これら天然色素の機能性は、今後ますます重要性が認識されるでしょう。

【※1】河村彩乃ほか「アミロース含有率の異なる米飯の測定条件を考慮した力学的特性測定と食べやすさ」『日本家政学会誌』第64巻1号（日本家政学会）（2013年）
【※2】前田和美著『マメと人間』（古今書院）（1987年）
【※3】農文協編『食品加工総覧　第9巻　素材編　穀類・雑穀・マメ類・イモ類・油脂作物』
【※4】日本調理科学会企画・編集『伝え継ぐ日本の家庭料理　米のおやつともち』（農文協）（2019年）
【※5】吉田久美「小豆の赤色はアントシアニンではない!?：」『化学』第74巻7号（化学同人）（2019年）

調理科学の目2

おいしいおこわの科学と文化

新井映子（静岡県立大学教授）

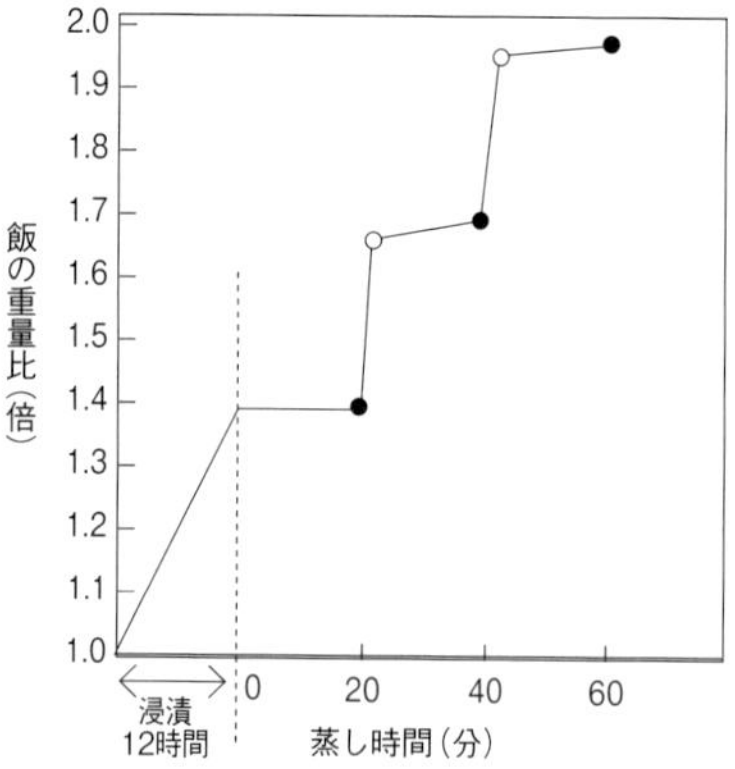

図　加熱中のこわ飯の重量変化（【※1】より）
●水の補給（振り水）前の米の重量比
○水の補給（振り水）後の米の重量比

もち米の構造と吸水性

ご飯に用いるうるち米は、通常米重量の約1・5倍（体積の約1・2倍）の水を加えて炊きますが、もち米単独の場合はうるち米のように加水して炊くことはなく、蒸すのが一般的です。その理由は、もち米の吸水性の高さにあります。

うるち米ともち米の外観を比べると、うるち米は半透明に見えますが、もち米は白濁しています。うるち米のでんぷんは、直鎖のアミロースと枝分かれしたアミロペクチンがガラスのような結晶構造をつくっています。もち米のでんぷんはアミロペクチンのみで結晶性が低く、空気を含んだ白い粒になります。従って、もち米をうるち米のように炊飯すると、加熱初期にこの空気の穴に水が急速に取り込まれて水面が下がり、上部の米は水分が不足してかたくなり、下部の米は水を大量に吸ってやわらかくなり、釜の上下で飯のかたさに大きな差が生じます。そのため、もち米は2時間以上浸漬して十分に水を吸わせた後、蒸しておこわとします。なお、もち米にうるち米を2割程度混ぜれば、炊飯器で炊くことも可能です。

振り水の効果

うるち米のご飯は、炊き上がりが米重量の2・1～2・3倍になるように加水しますが、もち米でつくるおこわは、炊き上がり重量が1・6～1・9倍がよいといわれています。浸漬によるもち米の吸水は米重量の0・3～0・4倍のため、蒸している途中で、不足しているあと0・2～0・6倍の水分を振り水で加えます。一度に大量の水を振りかけると、温度低下が大きく吸水しにくくなるため、1回の振り水は米重量の0・3倍程度にしておくのが一般的と思われます。1回目の振り水は、もち米の間を蒸気が通過してから10分後に行ないます。

図に示すように、1回の振り水によって飯の重量は●で示した約1・4倍（蒸し時間20分）から、○で示した約1・6倍に増加します。2度目の振り水も同様に蒸気が通過してから10分後に行なうと、飯の重量は約1・9倍に増加します（※1）。そのため、かたいおこわが好みであれば振り水は1度、やわらかくしたいときには2度行ないます。

赤飯の色と豆について

祝いごとに赤飯を用いるようになった理由には、諸説あります。古代の米は赤米であったため、白米を食べるようになってからも、祝いの食膳には小豆やささげの煮汁で赤く染めた飯を用いるようになった、赤い色は邪気をはらい、厄除けの力を持つと信じられたため、祝いごとでは赤飯が食べられるようになったなどです。災厄をはらうと考えられた赤飯を仏事に用いる地域もあります。

また、多くの地域では赤飯の色つけに小豆を使いますが、東日本ではささげを用いる地域が多いのが特徴です。武士が多い東日本では、皮がやわらかくて破れやすい小豆は腹が割れる（または腹切れ／胴切れする）といわれ、切腹を連想するため嫌う人たちが多かったからと考えられます。住んでいる地域で食べられている赤飯にどちらの豆が使われているのか気にかけてみるのも、食文化を知る上で興味深いと思います。

【※1】石井久仁子ら「こわ飯の性状について　もち米の浸漬時間と水の補給法の関係」『家政学雑誌』第29巻2号（日本家政学会）（1978年）

都道府県別　掲載レシピ一覧

●1つが掲載レシピ1品を表します。

豆

豆加工品

種実

海藻

穀類・穀類加工品

茶

調味料

柑橘・香辛料

その他

※項目ごとに五十音順。

素材別索引

魚介

魚介加工品

肉・卵・乳製品

野菜・野菜加工品

山菜・山菜加工品・野菜加工品

いも・いも加工品

きのこ・きのこ加工品

その他の協力者一覧

本文中に掲載した協力者の方々以外にも、調査・取材・撮影等でお世話になった方々は各地にたくさんおいでです。ここにまとめて掲載し、お礼を申し上げます。（敬称略）

北海道　山崎世千子

青森道　津軽あかつきの会、中南地域県民局地域農林水産部農業普及振興室、西北地域県民局地域農林水産部農業普及振興室、笹森得子

茨城県　阿部民子、鈴木みよ子、大友さま子、金澤恵美子、ひたちなか市食生活改善推進員協議会、高野千代子、深作加代子、山口雅子、薄井眞理子

東京都　森谷久美子、磯部信子

富山県　善巧寺

福井県　梅﨑すみ子、笹島友子

山梨県　佐野由美子、佐野和江、木村幸子、佐野志津江、南部町すみれの会

長野県　馬場よし子

岐阜県　伊藤ふさ、奥田広江、山住信子、勝股恵子、岩佐昌秋、杉山寿美子

和歌山県　西牟婁振興局・畑田京子、谷本敏代、坂口照代、有田振興局・花田裕美、南村尚美、宮本富美子

鳥取県　山本花子、泉公子、日野智恵

島根県　島根県食生活改善推進協議会、田子ヨシエ、大場郁子、野津保恵、馬場モトエ、西村初美、柴原康子、島根県立大学（平成29・30年度学術研究特別助成金）

広島県　海田町食生活改善推進協議会、田中節子

徳島県　福井初恵、豊崎淑子

香川県　新田雅子、曽我千穂子、中條従子

愛媛県　伊藤悦子、平岡輝美、宮本三枝子、薬師寺美保、山崎京子、山下仁佐栄、河野清隆、近藤アケミ、近藤君子

高知県　津野美也、阿部ヒサコ、松﨑淳子、小松利子、岩目博子

長崎県　長崎県壱岐振興局農林水産部 農業振興普及課

宮崎県　西村由美

著作委員一覧

「伝え継ぐ 日本の家庭料理」

（2020年7月1日現在）

北海道　菅原久美子（元札幌国際大学短期大学部）／菊地和美（藤女子大学）／坂本恵（札幌保健医療大学）／木下教子（北翔大学）／土屋律子（元北翔大学）／藤本真奈美（光塩学園女子短期大学）／村上知子（元北海道教育大学）／山口敦子（天使大学）／佐藤恵（光塩学園女子短期大学）／伊木亜子（函館短期大学）／畑井朝子（元函館短期大学）／宮崎早花（酪農学園大学）／田中ゆかり（光塩学園女子短期大学）

青森県　北山育子（東北女子短期大学）／安田智子（東北女子短期大学）／熊谷貴子（青森県立保健大学）／今井美和子（東北栄養専門学校）／澤田千晴（東北女子短期大学）／下山春香（元東北女子短期大学）

岩手県　髙橋秀子（修紅短期大学）／長坂慶子（岩手県立大学盛岡短期大学部）／魚住惠（元岩手県立大学盛岡短期大学部）／菅原悦子（元岩手大学）／村元美代（盛岡大学）／渡邉美紀子（修紅短期大学）／冨岡佳奈絵（修紅短期大学）／佐藤佳織（修紅短期大学）／阿部真弓（修紅短期大学）／松本絵美（岩手県立大学盛岡短期大学部）／岩本佳恵（岩手県立大学盛岡短期大学部）

宮城県　高澤まき子（仙台白百合女子大学）／野田奈津実（尚絅学院大学）／和泉眞喜子（元尚絅学院大学）／宮下ひろみ（東都大学）／濟渡久美（尚絅学院大学）／矢島由佳（仙台白百合女子大学）

秋田県　髙山裕子（聖霊女子短期大学）／熊谷昌則（秋田県総合食品研究センター）／長沼誠子（元秋田大学）／三森一司（聖霊女子短期大学）／髙橋徹（秋田県総合食品研究センター）／逸見洋子（元秋田大学）／大野智子（青森県立保健大学）／駒場千佳子（女子栄養大学）

山形県　齋藤寛子（山形県立米沢栄養大学）／宮地洋子（東北生活文化大学短期大学部）／平尾和子（愛国学園短期大学）／佐藤恵美子（元新潟県立大学）

福島県　加藤雅子（郡山女子大学短期大学部）／會田久仁子（郡山女子大学短期大学部）／中村恵子（福島大学）／柳沼和子（郡山女子大学）／津田和加子（桜の聖母短期大学）／福永淑子（文教大学）／阿部優子（元郡山女子大学短期大学部）

茨城県　渡辺敦子（元茨城キリスト教大学）／荒田玲子（常磐大学）／吉田恵子（晃陽看護栄養専門学校）／石島恵美子（茨城大学）／飯村裕子（常磐大学）／野口元子

栃木県　名倉秀子（十文字学園女子大学）／藤田睦（佐野日本大学短期大学）

群馬県　綾部園子（高崎健康福祉大学）／堀口恵子（東京農業大学）／神戸美恵子（桐生大学）／阿部雅子（東都大学）／高橋雅子（明和学園短期大学）／永井由美子（群馬調理師専門学校）／渡邉静（明和学園短期大学）

埼玉県　島田玲子（埼玉大学）／河村美穂（埼玉大学）／土屋京子（東京家政大学）／加藤和子（東京家政大学）／成田亮子（東京家政大学）／名倉秀子（十文字学園女子大学）／木村靖子（十文字学園女子大学）／松田康子（女子栄養大学）／駒場千佳子（女子栄養大学）／徳山裕美（帝京短期大学）

千葉県　渡邊智子（淑徳大学）／柳沢幸江（和洋女子大学）／今井悦子（聖徳大学）／石井克枝（元千葉大学）／中路和子／梶谷節子／大竹由美

東京都　加藤和子（東京家政大学）／宇和川小百合（東京家政大学）／赤石記子（東京家政大学）／伊藤美穂（十文字学園女子大学）／色川木綿子（東京家政大学）／大久保洋子（元実践女子大学）／香西みどり（お茶の水女子大学）／佐藤幸子（実践女子大学）／白尾美佳（実践女子大学）／成田亮子（東京家政大学）

神奈川県　櫻井美代子（東京家政学院大学（非））／大越ひろ（元日本女子大学）／増田真祐美（成立学園高等学校）／大迫早苗（相模女子大学短期大学部）／酒井裕子（相模女子大学）／清絢／小川暁子（神奈川県農業技術センター）／河野一世（奈良食と農の魅力創造国際大学校）／津田淑江（元共立女子短期大学）

新潟県　佐藤恵美子（元新潟県立大学）／太田優子（新潟県立大学）／立山千草（新潟県立大学）／山口智子（新潟大学）／伊藤直子（元新潟医療福祉大学）／玉木有子（大妻女子大学）／伊藤知子（新潟県栄養士会）／小谷スミ子（元新潟大学）／山田チヨ（新潟県栄養士会）／松田トミ子（新潟県栄養士会）／長谷川千賀子（悠久山栄養調理専門学校）／渡邊智子（淑徳大学）

富山県　深井康子（富山短期大学（非））／守田律子（元富山短期大学）／原田澄子（金沢学院短期大学）／稗苗智恵子（富山短期大学）／中根一恵（富山短期大学）

石川県　新澤祥惠（北陸学院大学短期大学部）／川村昭子（元金沢学院短期大学）／中村喜代美（北陸学院大学短期大学部（非））

福井県　佐藤真実（仁愛大学）／森恵見（仁愛女子短期大学）／谷洋子（元仁愛大学）／岸松静代（元仁愛女子短期大学）

山梨県　時友裕紀子（山梨大学）／柘植光代（元日本女子大学）／阿部芳子

（元相模女子大学）／松本美鈴（大妻女子大学）／坂口奈央（山梨県立北杜高等学校）

長野県　中澤弥子（長野県立大学）／吉岡由美（元長野県短期大学）／高崎禎子（信州大学）／小木曽加奈（長野県立大学）／小川晶子（長野県立大学）

岐阜県　堀光代（岐阜市立女子短期大学）／西脇泰子（元岐阜聖徳学園大学短期大学部）／長屋郁子（岐阜市立女子短期大学）／坂野信子（東海学園大学（非））／木村孝子（東海学院大学）／辻美智子（名古屋女子大学）／横山真智子（各務原市立桜丘中学校）／山根沙季（中京学院大学短期大学部）／長野宏子（元岐阜大学）

静岡県　新井映子（静岡県立大学）／高塚千広（東海大学短期大学部）／市川陽子（静岡県立大学）／伊藤聖子（静岡県立大学）／神谷紀代美（浜松調理菓子専門学校）／川上栄子（元常葉大学）／清水洋子（元静岡英和学院大学短期大学部）／竹下温子（静岡大学）／中川裕子（実践女子大学）／村上陽子（静岡大学）

愛知県　西堀すき江（元東海学園大学）／小出あつみ（名古屋女子大学）／近藤みゆき（名古屋文理大学短期大学部）／石井貴子（名古屋文理大学短期大学部）／小濱絵美（名古屋文理大学短期大学部）／加藤治美（元名古屋文理栄養士専門学校）／山内知子（元名古屋女子大学）／松本貴志子（元名古屋女子大学短期大学部）／間宮貴代子（名古屋女子大学）／伊藤正江（至学館大学）／森山三千江（愛知学泉大学）／山本淳子（愛知学泉短期大学）／野田雅子（愛知淑徳大学（非））／廣瀬朋香（元東海学園大学）／亥子紗世（元東海学園大学）／筒井和美（愛知教育大学）／羽根千佳（元東海学園大学）

三重県　磯部由香（三重大学）／飯田津喜美（三重短期大学）／水谷令子（元鈴鹿大学）／成田美代（元三重大学）／平島円（三重大学）／久保さつき（鈴鹿大学）／鷲見裕子（高田短期大学）／乾陽子（鈴鹿大学短期大学部）／駒田聡子（皇學館大学）／阿部稚里（三重短期大学）／奥野元子（元島根県立大学短期大学部）／萩原範子（元名古屋学芸大学短期大学部）／小長谷紀子（安田女子大学）

滋賀県　中平真由巳（滋賀短期大学）／山岡ひとみ（滋賀短期大学）／石井裕子（武庫川女子大学（非））／小西春江（園田学園女子大学短期大学部）／久保加織（滋賀大学）／堀越昌子（元滋賀大学）

京都府　豊原容子（京都華頂大学）／湯川夏子（京都教育大学）／桐村ます美（元成美大学短期大学部）／河野篤子（京都女子大学）／坂本裕子（京都華頂大学）／福田小百合（京都文教短期大学）／米田泰子（元京都ノートルダム女子大学）

大阪府　東根裕子（甲南女子大学）／八木千鶴（千里金蘭大学）／阪上愛子（元堺女子短期大学）／澤田参子（元奈良文化女子短期大学）／原知子（滋賀短期大学）／山本悦子（元大阪夕陽丘学園短期大学）

兵庫県　田中紀子（神戸女子大学）／片寄眞木子（元神戸女子短期大学）／坂本薫（兵庫県立大学）／富永しのぶ（兵庫大学）／本多佐知子（金沢学院短期大学）／中谷梢（関西福祉科学大学）／作田はるみ（神戸松陰女子学院大学）／原知子（滋賀短期大学）

奈良県　喜多野宣子（大阪国際大学）／志垣瞳（元帝塚山大学）／三浦さつき（奈良佐保短期大学）／島村知歩（奈良佐保短期大学）

和歌山県　青山佐喜子（大阪夕陽丘学園短期大学）／三浦加代子（園田学園女子大学）／川原崎淑子（元園田学園女子大学短期大学部）／橘ゆかり（神戸松蔭女子学院大学）／川島明子（園田学園女子大学）／千賀靖子（元樟蔭東短期大学）

鳥取県　松島文子（元鳥取短期大学）／板倉一枝（鳥取短期大学）

島根県　石田千津恵（島根県立大学）／藤江未沙（松江栄養調理製菓専門学校）

岡山県　藤井わか子（美作大学短期大学部）／青木三恵子（高知大学（客））／小川眞紀子（ノートルダム清心女子大学）／槇尾幸子（元中国学園大学）／大野婦美子（元くらしき作陽大学）／藤堂雅恵（研）（美作大学）／人見哲子（美作大学）／新田陽子（岡山県立大学）／我如古菜月（福山大学）／加賀田江里（中国短期大学）／藤井久美子（山陽学園大学）

広島県　岡本洋子（広島修道大学）／村田美穂子（広島文化学園短期大学）／渡部佳美（広島女学院大学）／石井香代子（福山大学）／奥田弘枝（元広島女学院大学）／海切弘子（広島文化学園短期大学）／上村芳枝（元比治山大学）／木村留美（広島国際大学）／近藤寛子（福山大学）／渕上倫子（元福山大学）／前田ひろみ（広島文化学園短期大学）／木村安美（九州大学）／高橋知佐子（元福山大学）／塩田良子（広島文教大学）／政田圭子（元鈴峯女子短期大学）／小長谷紀子（安田女子大学）／山口享子（中国学園大学（嘱））／北林佳織（比治山大学）

山口県　五島淑子（山口大学）／園田純子（山口県立大学）／池田博子（元西南女学院大学短期大学部）／櫻井菜穂子（元宇部フロンティア大学短期大学部）／廣田幸子（山陽学園短期大学）／福田翼（水産大学校）／山本由美（元池坊短期大学）／森永八江（山口大学）

徳島県　高橋啓子（四国大学）／金丸芳（徳島大学）／松下純子（徳島文理大学短期大学部）／長尾久美子（徳島文理大学短期大学部）／近藤美樹（徳島文理大学）／後藤月江（四国大学短期大学部）／三木章江（四国大学短期大学部）／川端紗也花（四国大学）／坂井真奈美（徳島文理大学短期大学部）

香川県　次田一代（香川短期大学）／加藤みゆき（元香川大学）／川染節江（元明善短期大学）／村川みなみ（香川短期大学）／渡辺ひろ美（香川短期大学）

愛媛県　亀岡恵子（松山東雲短期大学）／宇髙順子（愛媛大学）／香川実恵子（松山東雲女子大学（非））／武田珠美（熊本大学）／皆川勝子（松山東雲短期大学）

高知県　小西文子（東海学院大学）／五藤泰子（高知学園短期大学（非））／野口元子／福留奈美（東京聖栄大学）

福岡県　三成由美（中村学園大学）／松隈美紀（中村学園大学）／宮原葉子（中村学園大学）／入来寛（中村学園大学）／御手洗早也伽（中村学園大学）／熊谷奈々（中村学園大学）／大仁田あずさ（元中村学園大学）／八尋美希（近畿大学九州短期大学）／秋永優子（福岡教育大学）／川島年生（中村学園大学（非））／新冨瑞生（九州女子大学）／末田和代（元精華女子短期大学）／楠瀬千春（九州栄養福祉大学）／仁後亮介（中村学園大学短期大学部）／吉岡慶子（元中村学園大学）／猪田和代（太刀洗病院）／山本亜衣（九州女子大学）

佐賀県　西岡征子（西九州大学短期大学部）／副島順子（元西九州大学）／武富和美（西九州大学短期大学部）／萱島知子（佐賀大学）／成清ヨシヱ（元西九州大学短期大学部）／橋本由美子（西九州大学短期大学部（非））

長崎県　冨永美穂子（広島大学）／久木野睦子（活水女子大学）／石見百江（長崎県立大学）

熊本県　秋吉澄子（尚絅大学短期大学部）／北野直子（元熊本県立大学）／川上育代（尚絅大学）／原田香（尚絅大学短期大学部）／中嶋名菜（熊本県立大学）／小林康子（尚絅大学短期大学部）／柴田文（尚絅大学短期大学部）

大分県　西澤千惠子（元別府大学）／篠原壽子（元東九州短期大学）／立松洋子（元別府大学短期大学部）／望月美左子（別府溝部学園短期大学）／高松伸枝（別府大学）／宇都宮由佳（学習院女子大学）／山嵜かおり（東九州短期大学）／麻生愛子（東九州短期大学）

宮崎県　篠原久枝（宮崎大学）／長野宏子（元岐阜大学）／磯部由香（三重大学）／秋永優子（福岡教育大学）

鹿児島県　木之下道子（鹿児島純心女子大学）／木下朋美（鹿児島県立短期大学）／進藤智子（鹿児島純心女子短期大学）／山崎歌織（鹿児島女子短期大学）／木戸めぐみ（鹿児島女子短期大学）／大倉洋代（鹿児島女子短期大学）／大富あき子（東京家政学院大学（非））／大山典子（鹿児島純心女子大学）／新里葉子（鹿児島純心女子短期大学）／福元耐子（鹿児島純心女子大学）／山下三香子（鹿児島県立短期大学）／大富潤（鹿児島大学）／竹下温子（静岡大学）／千葉しのぶ（千葉しのぶ鹿児島食文化スタジオ）／久留ひろみ（奄美食育食文化プロジェクト）／森中房枝（元鹿児島純心女子大学）

沖縄県　田原美和（琉球大学）／森山克子（元琉球大学）／我那覇ゆりか（沖縄大学）／大城まみ（琉球大学）／名嘉裕子（デザイン工房美南海）

大山おこわ（鳥取県）　写真／五十嵐公

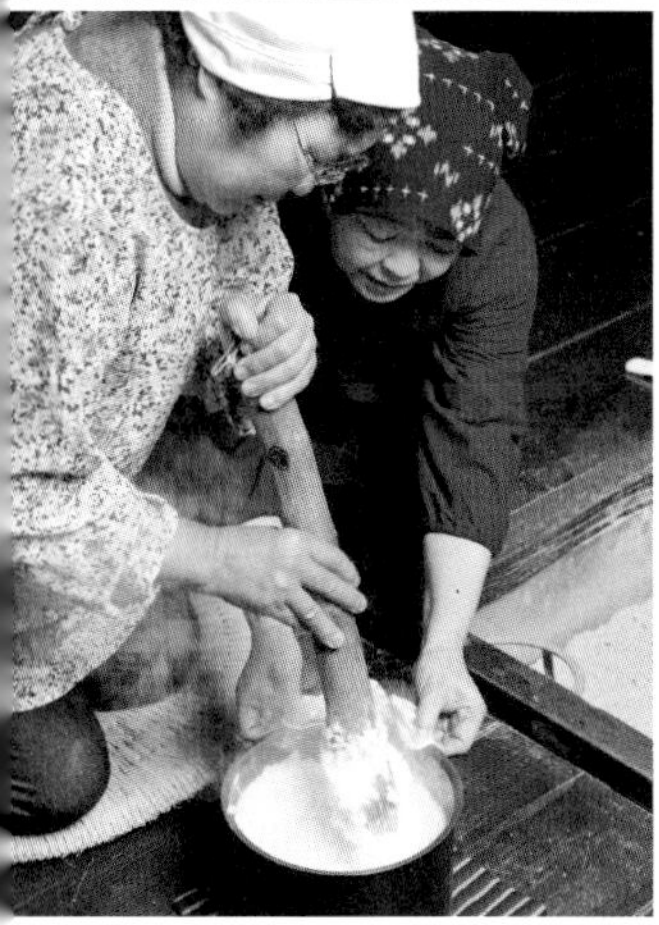
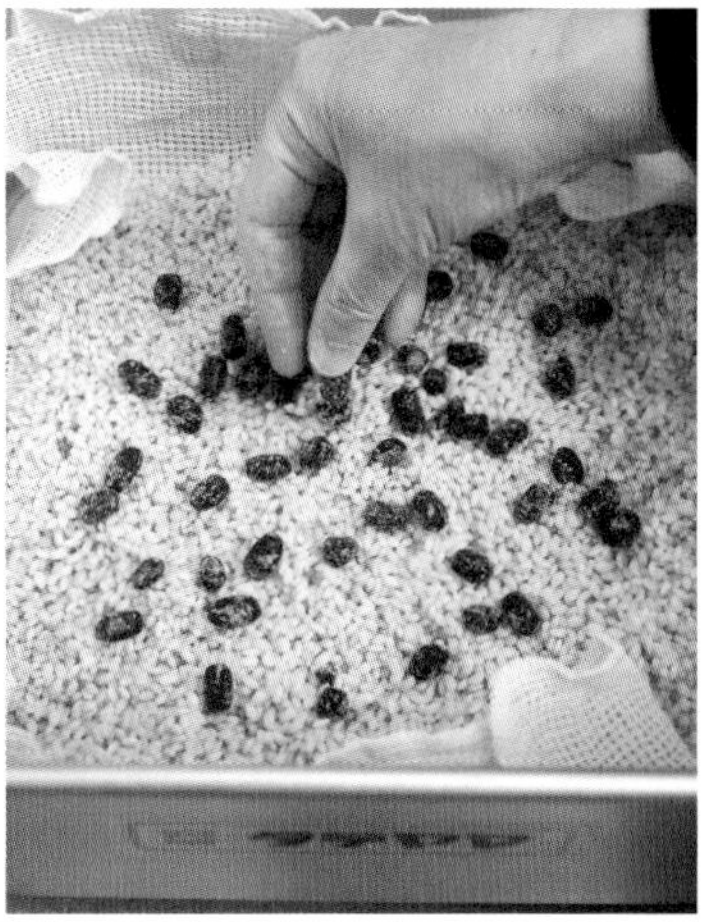

左上から右へ ひ孫と一緒にとろろをする（愛知県豊橋市）、てんこ小豆の赤飯をとり出す（秋田県東成瀬村）、囲炉裏でしんごろうを焼く（福島県福島市）、ご飯をついてやまもちをつくる（新潟県村上市）、甘納豆をのせて赤飯をつくる（山梨県甲府市）、さつまをつくる（愛媛県宇和島市吉田町）、栗おこわの蒸し上がり（岐阜県瑞浪市）　写真／五十嵐公、高木あつ子、長野陽一

全集

伝え継ぐ 日本の家庭料理

どんぶり・雑炊・おこわ

2021年12月10日　第1刷発行

企画・編集
一般社団法人 日本調理科学会

発行所
一般社団法人 農山漁村文化協会
〒107-8668 東京都港区赤坂7-6-1
☎ 03-3585-1142（営業）
☎ 03-3585-1145（編集）
FAX 03-3585-3668
振替 00120-3-144478
http://www.ruralnet.or.jp/

アートディレクション・デザイン
山本みどり

制作
株式会社 農文協プロダクション

印刷・製本
凸版印刷株式会社

＜検印廃止＞
ISBN978-4-540-19182-4

Printed in Japan
定価はカバーに表示

乱丁・落丁本はお取替えいたします

本扉裏写真／高木あつ子（p83 秋田県・てんこ小豆の赤飯）
扉写真／五十嵐公（p5、43、64、78）

本書は「別冊うかたま」2020年9月号を書籍化したものです。

「伝え継ぐ 日本の家庭料理」出版にあたって

一般社団法人 日本調理科学会では、2000年度以来、「調理文化の地域性と調理科学」をテーマにした特別研究に取り組んできました。2012年度からは「次世代に伝え継ぐ 日本の家庭料理」の全国的な調査研究をしています。この研究では地域に残されている特徴ある家庭料理を、聞き書き調査により地域の暮らしの背景とともに記録しています。

こうした研究の蓄積を活かし、「伝え継ぐ 日本の家庭料理」の刊行を企図しました。全国に著作委員会を設置し、都道府県ごとに40品の次世代に伝え継ぎたい家庭料理を選びました。その基準は次の2点です。

①およそ昭和35年から45年までに地域に定着していた家庭料理
②地域の人々が次の世代以降もつくってほしい、食べてほしいと願っている料理

そうして全国から約1900品の料理が集まりました。それを、「すし」「野菜のおかず」「行事食」といった16のテーマに分類して刊行するのが本シリーズです。日本の食文化の多様性を一覧でき、かつ、実際につくることができるレシピにして記録していきます。ただし、紙幅の関係で掲載しきれない料理もあるため、別途データベースの形ですべての料理の情報をさまざまな角度から検索し、家庭や職場、研究等の場面で利用できるようにする予定です。

日本全国47都道府県、それぞれの地域に伝わる家庭料理の味を、つくり方とともに聞き書きした内容も記録することは、地域の味を共有し、次世代に伝え継いでいくことにつながる大切な作業と思っています。読者の皆さんが各地域ごとの歴史や生活習慣にも思いをはせ、それらと密接に関わっている食文化の形成に対する共通認識のようなものが生まれることも期待してやみません。

日本調理科学会は2017年に創立50周年を迎えました。本シリーズを創立50周年記念事業の一つとして刊行することが日本の食文化の伝承の一助になれば、調査に関わった著作委員はもちろんのこと、学会として望外の喜びとするところです。

2017年9月1日

一般社団法人 日本調理科学会　会長　香西みどり

＊なお、本シリーズは聞き書き調査に加え、地域限定の出版物や非売品の冊子を含む多くの文献調査を踏まえて執筆しています。これらのすべてを毎回列挙することは難しいですが、今後別途、参考資料の情報をまとめ、さらなる調査研究の一助とする予定です。

＜日本調理科学会 創立50周年記念出版委員会＞
委員長　香西みどり（お茶の水女子大学名誉教授）
委　員　石井克枝（千葉大学名誉教授）
同　今井悦子（元聖徳大学教授）
同　真部真里子（同志社女子大学教授）
同　大越ひろ（日本女子大学名誉教授）
同　長野宏子（岐阜大学名誉教授）
同　東根裕子（甲南女子大学准教授）
同　福留奈美（東京聖栄大学准教授）